贵州警察学院博士创新人才支持计划项目成果
贵州警察学院学术著作出版基金资助项目

侦查阶段律师调查取证问题研究

陈富军　著

东北大学出版社
·沈　阳·

图书在版编目（CIP）数据

侦查阶段律师调查取证问题研究 / 陈富军著 .
沈阳 : 东北大学出版社 , 2025. 7. -- ISBN 978-7-5517-3888-0

Ⅰ . D918

中国国家版本馆 CIP 数据核字第 2025P9U719 号

出 版 者：东北大学出版社
地址：沈阳市和平区文化路三号巷 11 号
邮编：110819
电话：024-83683655（总编室）
024-83687331（营销部）
网址：http://press.neu.edu.cn
印 刷 者：辽宁一诺广告印务有限公司
发 行 者：东北大学出版社
幅面尺寸：170 mm × 240 mm
印　　张：10
字　　数：174 千字
出版时间：2025 年 7 月第 1 版
印刷时间：2025 年 7 月第 1 次印刷
责任编辑：刘　莹
责任校对：孙德海
封面设计：潘正一
责任出版：初　茗

ISBN 978-7-5517-3888-0　　定　价：60.00 元

前 言

打官司就是打证据

众所周知，在现代法治国家，打官司就是打证据。那么，在整个刑事诉讼活动中，证据调查活动就应当是法庭审判的基础，证据制度就应当是司法正义的“地基”。正因为如此，中国政法大学张保生教授指出：“审判制度、检察制度、侦查制度和监察制度构成的司法制度上层建筑，均以证据制度为共同的基础。”[1]1 但大家可以发现，在这个司法制度的上层建筑中没有提到律师制度。刘品新认为：“在我国的刑事调查制度中，控方整体上处于超强的地位，辩方（主要是辩护律师）的调查则常常是被置于边缘化的境地。”[2] 在司法实践中，整个刑事诉讼活动几乎所有的证据输入及证据调查活动都依靠公权力机关，特别是依靠侦查机关，而《中华人民共和国刑事诉讼法》(以下简称《刑事诉讼法》）规定侦查、审查起诉、审判三个阶段的证明标准都是“案件事实清楚，证据确实、充分”，如此一来，实践中的审判活动岂不是确认或否决侦查的结论吗？刑事诉讼活动不又成为流水线了吗？如何实现“去侦查中心，以审判为中心”的诉讼制度改革呢？我们说审判是独立的调查程序或证明程序（举证、质证、认证三个法定阶段），在几乎所有的证据都是控方证据且没有辩方证据输入的法庭审判活动中，基于同一套证据，后续走流程的可能性有多大？因此，有人夸张地说，现在的审判不用审都知道结果，只要是被公安司法机关“盯上”，诉讼的流程和惯性就使得案件必须往下走，比如侦查终结移送到检察院，假如被不起诉了，那么从考核的角度，公安机关内部就要启动相关的追责，同样地，检察院移送的案件被法院判无罪的，也会面临错案追究。这也是酿造佘祥林、赵作海、杜培武等冤假错案的根本症结所在。那么，为了实现习近平总书记提出的“让人民群众在每一个司法案件中都感受到公平正义”，就要打破公权力机关在证据调查上的垄断，防止公检法三家流水作业，必须赋予辩护律师调查取证权，特别是侦查阶段的律师调查取证权，这也是2012年《刑事诉讼法》修改时明确侦查阶段律师辩护人身份的应有之义，既然打官司就是打证据，那么律师作为专门替人打官司的人就应当能够调查证据。但是从2012年《刑事诉讼法》修改以后赋予侦查阶段的律师在会见、调查取证方面的权利，直到2018年《刑事诉讼法》再次修改，再到当下这十几年的司法实践来看，著者结合在公安机关法制部门工作十余年的经验发现：侦查阶段的律师调查取证问题呈现出理论探究的“热”与实践的“冷”这种尴尬的局面。那么侦查阶段律师调查取证的障碍到底是什么呢？有研究者认为，主要原因是“侦查机关与辩护律师属于控辩双方的阵营，是一对天然的‘冤家与敌人’。”[3]公安机关天然地具有查明真相的职责，这个时候律师来取证就是“替坏人说话”，与公安机关“作对”。那么，我们能否跳出这种狭隘的职业思维束缚，抛开自身的思维局限，站在更高的层面来看侦查阶段的律师调查取证问题呢？本书试图在前人研究的基础上，从证据理念、证据调查制度、证据调查方法三个视角进行分析。

在证据理念方面。张保生教授在《证据法的理念》一书中提出，“随着社会不断进步，更高水平的司法文明建设需要以人们思想观念和证据意识的更新为先导，通过证据理念的转变来推动证据制度的创新。”[1]4 本书非常认同理念对制度的影响，如果司法人员理念不转变，那么再完美的制度也只能停留在纸面上。就拿备受理论与实务诟病的刑讯逼供顽疾来说吧，从制度层面，1996年的《刑事诉讼法》第四十三条规定：“审判人员、检察人员、侦查人员必须依照法定程序，收集能够证实犯罪嫌疑人、被告人有罪或者无罪、犯罪情节轻重的各种证据。严禁刑讯逼供和以威胁、引诱、欺骗以及其他非法的方法收集证据。”虽然《刑事诉讼法》明文规定了不得刑讯逼供、不得使用非法方法收集证据，但是在实践中，从20世纪90年代到2010年，发生的刑讯逼供酿造了如“真凶再现”“亡者归来”的系列冤假错案，导致2010年最高人民检察院印发《最高人民检察院关于适用〈关于办理死刑案件审查判断证据若干问题的规定〉和〈关于办理刑事案件排除非法证据若干问题的规定〉的指导意见》，2017年最高人民法院、最高人民检察院、公安部、国家安全部、司法部印发

《关于办理刑事案件严格排除非法证据若干问题的规定》，2024 年最高人民法院、最高人民检察院、公安部、国家安全部、司法部印发《办理刑事案件排除非法证据规程》。为什么《刑事诉讼法》已经明文规定了不得非法取证，但是还要三番五次地下发通知来强调严禁非法取证问题呢？

本书分析认为，主要还是在理念上，一些关于证据的理念，特别是对司法文明的理念没有达成共识，导致司法人员无视《刑事诉讼法》的规定。“理念是重要的，人的行为不仅受利益的支配，也受理念的支配；社会的变革和人类的进步基本上都是在新的理念推动下出现的，没有理念的变化就没有制度和政策的改变；中国过去三十多年所取得的成就是理念变化的结果，中国的未来很大程度上取决于我们能否走出一些错误的理念陷阱。”[4] 张保生教授从十个方面论述了证据法理念从传统向现代的转变：第一，事实认定从“实事求是”向“实证求是”的理念转变。第二，证据属性从“客观性”向“相关性”的理念转变。第三，法律推理研究从“法律适用”向“事实认定”的理念转变。第四，证据解释从“精确性”向“似真性”的理念转变。第五，人工智能法律系统从“量刑模拟”向“证据推理模拟”的理念转变。第六，刑事审判从“有罪推定”向“无罪推定”的理念转变。第七，证据合法性调查从“警察特权”向“控辩平等”的理念转变。第八，司法文明从“口供裁判”向“证据裁判”的理念转变。第九，证据制度从“义务本位”向“权利本位”的理念转变。第十，证据立法从“零打碎敲”向“体系化建设”的理念转变。[1]5

那么，这些理念对侦查阶段律师调查取证有何启发价值呢？在侦查阶段，如何树立正确的理念呢？应当树立怎样的理念呢？这些理念是侦查阶段的律师以及办案人员都必须具有的，只有具备这种理念，才能解决思想上的障碍，进而扫清律师在侦查阶段的取证障碍。这是本书需要解决的第一个层面的问题。

在证据调查制度方面。辩护律师在侦查阶段有没有调查取证权？这是 2012 年《刑事诉讼法》修改以后，理论与实务界争论比较大的问题。这就需要从辩护制度、律师的诉讼角色以及辩护律师调查取证的概念内涵等入手进行分析。

在证据调查方法方面。在厘清了理念和制度的基础上，本书试图从主体，即律师的视角，从方法论入手，研究侦查阶段律师证据调查分析的方法，研究的最终目的是厘清认知上的障碍、提高辩护律师的证据调查分析能力，从而实现控辩平等对抗，而且按照打官司就是打证据的思路，控辩双方对抗的“武器”就是证据，证据调查分析的能力和方法显得尤为重要。

本书在侦查阶段律师调查取证问题的研究上具有以下创新点。

体系上的创新，本书按照理念、制度、方法三个维度来分析侦查阶段律师的调查取证问题。关于侦查阶段律师调查的研究大都是先从权利的角度探讨到底有没有调查取证权，再从世界的视角考察国外律师在侦查阶段的证据调查问题。在对侦查阶段律师调查取证权的有无进行探讨后，本书围绕侦查阶段律师调查取证的内容、目的、意义，以及国外关于律师在侦查阶段的活动进行了深入的研究，通过对律师在侦查阶段的调查取证在国内外立法、司法实践的认识，分析国内外法学界在侦查阶段律师调查取证上的各种观点和学说，丰富和加深理论界对国内外研究成果的了解，充分认识侦查阶段律师调查权。

针对我国历次修改的《刑事诉讼法》中关于侦查阶段律师角色的定位变化，剖析我国侦查阶段律师是否具有调查取证权，著者提出自己的论点。在分析侦查阶段律师调查取证的特点、内涵后，著者提出完善律师调查取证的配套措施，保障律师在侦查阶段调查取证权的实现，更好地保护犯罪嫌疑人、被告人的合法权益。

著　者

2025 年 3 月

目 录

0 导 论 …………………………………………………… 1

1 侦查阶段律师调查取证权概述 ………………………… 10

1.1 侦查阶段律师调查取证权的概念 ………………… 10

1.1.1 律师调查取证权的概念 ………………………… 10

1.1.2 侦查阶段律师调查取证权的概念 ……………… 15

1.2 侦查阶段律师调查取证的范围和手段 …………… 22

1.2.1 侦查阶段律师调查取证的范围 ………………… 22

1.2.2 侦查阶段律师调查取证的手段 ………………… 24

1.3 侦查阶段律师调查取证的目的 …………………… 26

1.3.1 帮助查明案件事实 ……………………………… 26

1.3.2 实现程序性辩护 ………………………………… 27

1.3.3 促进控辩平衡 …………………………………… 31

1.3.4 监督侦查 ………………………………………… 34

2 侦查阶段律师调查取证权的域外考察 ……………… 42

2.1 大陆法系国家侦查阶段律师调查取证权考察 …… 42

2.1.1 德国的侦查阶段律师调查取证权考察 ………… 42

2.1.2 法国的侦查阶段律师调查取证权考察 …………………… 43
2.2 英美法系国家侦查阶段律师调查取证权考察 ………………… 45
2.2.1 英国的侦查阶段律师调查取证权考察 …………………… 45
2.2.2 美国的侦查阶段律师调查取证权考察 …………………… 45
2.3 两大法系国家侦查阶段律师调查取证权比较考察 ……………… 48
2.4 混合模式下侦查阶段律师调查取证权考察 …………………… 51
2.4.1 日本侦查阶段律师调查取证权考察 ……………………… 52
2.4.2 意大利侦查阶段律师调查取证权考察 …………………… 53
2.5 各国侦查阶段律师调查取证权的共性 ……………………… 55
2.6 各国侦查阶段律师调查取证权的认知误区 …………………… 57

3 我国侦查阶段律师调查取证权的立法现状及实践评估 ………… 59

3.1 我国侦查阶段律师调查取证权的确立 ……………………… 59
3.1.1 我国侦查阶段律师调查取证权确立的背景 ……………… 59
3.1.2 侦查阶段律师调查取证权的立法规定 …………………… 60
3.1.3 侦查阶段律师调查取证权的立法不足 …………………… 64
3.1.4 侦查阶段律师调查取证权立法不足的原因 ……………… 66
3.2 我国侦查阶段律师调查取证的实践情况 …………………… 67
3.2.1 公安机关、检察院以及律师对侦查阶段律师调查取证的态度 ……………………………………………… 69
3.2.2 2012 年修改的《刑事诉讼法》实施后侦查阶段律师会见情况 ……………………………………………… 71
3.2.3 侦查阶段犯罪嫌疑人无罪证据的收集情况 ……………… 72
3.2.4 侦查阶段律师提交无罪证据的义务带来的风险情况 …… 75
3.2.5 侦查阶段律师申请调查取证情况 ………………………… 79

4 我国侦查阶段律师调查取证权的保障和完善 ………………… 83

4.1 保障侦查阶段律师调查取证权的充分行使 …………………… 84
4.1.1 调动侦查阶段律师调查取证的积极性 …………………… 84
4.1.2 降低侦查阶段律师调查取证的风险 ……………………… 86

4.1.3 相关人员和单位积极配合律师调查取证 …… 90
4.2 保障律师在侦查阶段收集的证据充分发挥作用 …… 91
4.3 侦查阶段律师调查取证权的完善 …… 93
4.3.1 增加律师调查取证权的内容 …… 95
4.3.2 赋予律师委托鉴定权 …… 97
4.3.3 规定律师调查取证的措施和完善申请调查取证权 …… 99
4.3.4 建立证据保存制度 …… 101

5 侦查阶段律师调查证据的方法 …… 103

5.1 侦查阶段律师调查取证的思路 …… 104
5.1.1 侦查阶段律师的调查思维 …… 104
5.1.2 侦查阶段律师调查证据的思维过程 …… 105
5.2 侦查阶段律师调查取证的方法 …… 107
5.2.1 溯因推理 …… 107
5.2.2 溯因推理在律师证据调查分析中的作用 …… 113
5.2.3 逆推法 …… 116
5.3 调查取证方法综合应用——杜培武案与辛普森案 …… 119
5.3.1 云南杜培武案中的证据调查 …… 120
5.3.2 美国辛普森案中的证据调查 …… 126
5.4 认真对待侦查阶段律师证据调查 …… 129

6 智能时代的律师调查取证 …… 132

6.1 人工智能与律师调查取证 …… 133
6.2 大数据与证据调查 …… 136
6.2.1 大数据技术对律师调查取证的影响 …… 137
6.2.2 大数据证据与律师调查取证 …… 138

7 结 语 …… 143

参考文献 …… 147

0 导 论

在我国刑事诉讼中，证据调查任务主要由公权力机关承当。根据无罪推定原则，必须由控方提供证据来指控犯罪，并达到法定的证明标准，因此，控方有强烈的收集证据的动力，但这种动力仅限于收集有罪的证据。虽然历次修改的《中华人民共和国刑事诉讼法》(以下简称《刑事诉讼法》)中都明确规定“审判人员、检察人员、侦查人员必须依照法定程序，收集能够证实犯罪嫌疑人、被告人有罪或者无罪、犯罪情节轻重的各种证据。”但是从近几十年的司法实践来看，公检法三机关收集犯罪嫌疑人有罪证据的动力有余，而收集犯罪嫌疑人无罪的动力则严重不足，甚至不可能收集犯罪嫌疑人无罪的证据。从过去发现的典型冤假错案中可以发现，即便是保持中立的法官也会在强大的司法惯性面前失去中立的立场而偏向控方，如云南杜培武案，法官在法庭上讯问时让其交出杀人的那把手枪。由此可见公检法三家因在诉讼目标上的高度一致而形成“铁三角”关系，犯罪嫌疑人的权利很难被保障。

因此，我们必须严格审视犯罪嫌疑人的权利如何来保障，靠谁来保障。毫无疑问，只能依靠辩护律师。但是一直以来，出于种种原因，辩护律师在刑事诉讼活动中很难发挥作用，即便是在法律明确赋予辩护律师相关权利的情况下。到底是什么原因造成这种局面的呢？学术界从不同的角度进行了分析。本书认为，最根本的原因是辩护律师没有充分地发挥调查取证权的作用，在证据裁判原则下，打官司就是打证据，没有证据就是“巧妇难为无米之炊”。沿着这个思路思考，又是什么原因导致律师很难调查取证呢？学术界认为“会见难、阅卷难、取证难”是律师在刑事诉讼活动中长期面临的“三大难题”，那么2012年《刑事诉讼法》修改后对律师会见以及阅卷做了调整，并且律师可以在侦查阶段以辩护律师身份介入侦查。2012年修改的《刑事诉讼法》第三十三条、2018 年修改的《刑事诉讼法》第三十四条规定："犯罪嫌疑人自被侦查机关第一次讯问或者采取强制措施之日起，有权委托辩护人；在侦查期间，只能委托律师作为辩护人。被告人有权随时委托辩护人。""侦查机关在第一次讯问犯罪嫌疑人或者对犯罪嫌疑人采取强制措施的时候，应当告知犯罪嫌疑人有权委托辩护人。"2012 年修改的《刑事诉讼法》第三十五条、2018 年修改的《刑事诉讼法》第三十七条规定："辩护人的责任是根据事实和法律，提出犯罪嫌疑人、被告人无罪、罪轻或者减轻、免除其刑事责任的材料和意见，维护犯罪嫌疑人、被告人的诉讼权利和其他合法权益。"将侦查阶段律师辩护人的身份，以及法律赋予辩护人收集无罪证据的责任二者结合起来看，我国的律师在侦查阶段是否拥有调查取证权呢？这个问题自 2012 年《刑事诉讼法》修改以后引发激烈的讨论，学界存在不同的观点，甚至连很多辩护律师都搞不明白在侦查阶段自己到底有没有调查取证权。

总体而言，关于侦查阶段律师调查取证问题，目前以下内容依然需要研究后明确：一是到底侦查阶段律师有没有调查取证权？律师调查取证权的内涵以及外延是什么？二是侦查阶段律师调查取证的障碍是什么？有哪些错误的理念导致律师调查取证制度面临困境？三是辩护律师证据调查分析方法有哪些？这些问题是本书的逻辑主线。

首先是研究背景。说到调查取证，我们首先想到的是公权力机关，特别是想到侦查机关。其一，其作为国家暴力机关拥有强大的国家强制力作为证据调查的后盾。其二，在职权模式下的国家公权力机关垄断着查明犯罪真相的职责，神圣的使命感促使侦查机关拥有强烈的追究犯罪的主观意愿。其三，侦查机关拥有成体系的证据调查的措施与方法。事实上，正因为如此，在犯罪侦查工作中，侦查办案人员的思维主要是有罪假设，因此会忽视或者忽略犯罪嫌疑人无罪或者罪轻的证据。在实践中，侦查机关都是围绕犯罪嫌疑人是否构成犯罪而展开取证工作的，这就导致《刑事诉讼法》中规定的"审判人员、检察人员、侦查人员必须依照法定程序，收集能够证实犯罪嫌疑人、被告人有罪或者无罪、犯罪情节轻重的各种证据"这个条文落空。侦查思维是根据现有证据或者线索侦查推理出犯罪嫌疑人，即先假设某人有罪，再收集更多的有罪证据。如果先假设某人无罪，那么不用多此一举去收集某人无罪的证据，直接不立案更省事。因此，当前关于侦查阶段律师调查取证问题的研究存在一个问题，就是忽视了侦查思维与辩护思维的区别。这是其一。其二，是张保生教授提到的关于证据的理念问题，证据属性应当从“客观性”向“相关性”的理念转变。刑事审判应当从“有罪推定”向“无罪推定”的理念转变。证据合法性调查应当从“警察特权”向“控辩平等”的理念转变[1]5。其三，是方法论层面的，我们应当加强律师证据调查分析方法的研究，真正实现“打官司就是打证据”，律师依靠证据进行辩护。

这些问题涉及法庭认识论、证据价值论以及方法论等深层次的方面，需要我们进一步地思考和澄清。

其次是研究现状。从目前检索的文献可以发现，最先关注律师调查取证权的研究人员是律师群体，出于律师执业自身发展需要，这在情理之中。随后是一些法官站在中立的立场认为，“刑事辩护制度中辩护律师的调查取证权和在法庭上享有的权利与公安、检察机关的严重不对等。”[5] 当然，也有从事侦查工作的人员研究律师调查取证问题，但耐人寻味的是从“律师伪证罪”的侦查视角。大部分研究者（如陈光中先生）从控辩平衡的角度提出，“在侦查阶段，从律师介入诉讼的目的以及我国庭审改革的方向考察，立法应当赋予侦查阶段律师调查取证权。”[6] 本书从历史与逻辑相统一的视角，按照时间顺序梳理了我国 1979 年《刑事诉讼法》实施以来的研究情况。1980 年，即新中国成立以来我国制定的第一部《刑事诉讼法》实施第一年，《北京政法学院学报》上发表的张辉的《律师在刑事诉讼中的地位和作用》一文中提到了“人民的律师与旧律师的本质区别”，探讨了人民律师的立场，指出“在我们国家，律师不是自由职业者。他既是专业性社会团体的成员，又是为人民服务的国家干部。他是人民审判工作的协助者；是人民群众的法律顾问；是国家法制的宣传者和维护者。律师的全部活动，必须忠于人民，忠于事实，忠于法律，以维护国家的利益以及集体的和公民个人的合法权益。律师在履行其职责时，尽管他的工作方式不同于公诉人和法院，但他的立场，从根本上来说，与审判人员、检察人员是一致的。”[7]

“律师在刑事案件中应是具有独立地位的诉讼参与人。”“为了正确发挥律师的作用，充分体现其维护国家法制的立场，律师应该向被告人阐明自己的原则立场，交待［代］政策，说明利害关系，解除其顾虑，动员被告人主动坦白，求得从宽处理。在动员、说服被告人无效的情况下，律师有权拒绝为之辩护。”[7] 由于辩护制度在当时的我们国家和人民中还是刚刚恢复实行，这一时期的文章大都围绕刑事诉讼中辩护律师的诉讼地位以及立场展开。大多数论文研究的基本前提都立足于“律师是国家的法律工作者，其进行业务活动，必须以事实为根据，以法律为准绳，忠实于社会主义事业和人民的利益。从总的任务来讲，律师和审判员、检察员、公安人员是一致的，就是要弄清案情，正确适用法律，使案件得到正确的判决。”[8] 因此，这一时期学术界基本的观点是律师服务于国家与人民，其辩护职能与公检法人员一样，都是为了查明真相、打击犯罪。因此，可以找到一些题为“充分发挥律师在打击刑事犯罪中的作用”的文章。

在律师介入时间方面，杜建人建议“刑事被告人在侦查阶段可委托律师辩护”[9]；作为回应，汪纲翔从维护侦查的角度提出“律师在起诉阶段参加辩护为宜”[10]。

在律师调查取证方面，刘振燚认为，律师“应当通过调查，排除疑点，收集有利於被告人的证据。笔者经过一段实践认为，律师的调查应当包括会见被告，访问证人和被害人，走访有关技术人员，庭审调查四个部分，分别每个案件的不同情况来进行其中的某一项或几项调查。”[11] 关于律师调查权的性质，基于当时律师国家法律工作者的性质，袁正卫认为，“所谓律师调查权，是指律师人员在执行职务、履行职责的过程中依法享有的一种职权活动。”[12] 华勋烈、李文君在《律师应当享有收集刑事证据的权利》一文中指出：“我国社会主义制度决定了公安、检察、法院和人民律师都是社会主义上层建筑的重要组成部分，刑事诉讼目的都是为了维护社会主义法制，维护人民的合法权利，不冤枉好人，不放纵坏人，使无罪的人不受刑事追究，有罪的人难逃法网，通过各自的活动来保证刑法的正确实施。在法律地位上，人民律师和公、检、法三机关也是平等的，在刑事诉讼活动中享有平等的权利，承担平等的义务。在工作方法上，人民律师和公、检、法三机关一样，都是以事实为根据，以法律为准绳，保证准确、及时地查明犯罪事实，正确应用法律。”“正因为如此，我们认为在刑事诉讼的过程中，赋予律师以收集证据的平等权利，不仅在法律上是正当的，而且在实践中也是必要的。因此，我们建议：刑事诉讼法应当明确规定律师有收集刑事证据的权利。律师收集的证据一经法庭核实，就同公安、检察、法院收集的证据具有同等的法律效力，对被告人的定罪量刑有约束力。”[13]

在取证方法方面，有学者介绍了美国调查证据的方法，但这些方法并不是专门针对律师调查取证的。此外，对于律师调查的材料能否作为证据，有关检察人员认为律师调查的材料不能作为证据，有悖于我国有关法律规定，而且无助于正确实施法律。

薛连清在《刑诉中律师调查的材料能否作为证据？》一文中指出：“在刑事诉讼尤其是法庭审理过程中，经常出现担任被告辩护人的律师，有时出示自行调查的材料，在法庭上宣读或要求审判人员代为宣读，并提交法庭请求作为本案处理依据予以备查。然而，公诉人或审判人员，对此往往以不是公、检、法人员的调查材料不能作为证据为理由，予以拒绝，有的甚至还要指责。律师遇到由自己认真负责不辞辛劳甚至远涉千里取得的劳动成果（调查材料），得不到合理合法承认乃至歧视而感到委曲［屈］和气愤，却又无可奈何。因为，我国刑事诉讼法第 31 条、第 32 条、第 34 条规定的刑事证据，是指侦查、检察、审判人员依照法定程序调查收集的能够证明案件真实情况的一个事实。其他人员包括律师自行调查的材料，是不能成为证据使用的。”[14]

陶祥英在《谈律师的调查取证权及其立法》一文中指出：律师享有的调查取证权包括：①查阅全部案卷材料。②向能证明案件真实情况的一切单位和个人调查取证。③对案件的现场、涉及的专门技术问题进行调查，掌握直接的证据材料。④查阅与案件有关的其他档案材料，如房产档案、工商档案、银行档案、税务档案、人事档案等。⑤庭审前，会见刑事被告人，与其通信，听取其供述和辩解；与民事、行政案件委托人交谈，听取其陈述。⑥在庭审过程中，通过询问被告人、当事人、证人、鉴定人、勘验人等，对庭审前调查所掌握的证据进行再调查，作去伪存真的科学筛选，确定证明案件的最可靠证据，以便最正确、最完全地掌握案件的真实情况。[15] 并分析了律师行使调查取证权的障碍。

杨迎泽在《试述律师收集刑事证据的几个问题》一文中，对“律师收集刑事证据的特点”“律师收集刑事证据的范围”“律师收集刑事证据的方法”“律师调查的材料能否作为证据”[16] 做了研究，提出了一些有价值的观点。

值得一提的是，在辩护律师是否保守职务秘密问题、律师的身份与性质等方面，也有学者进行了研究。这些研究为 1996 年《刑事诉讼法》的修改做了理论上的准备。

自1979年《刑事诉讼法》实施以来，学术界围绕律师的身份、律师介入诉讼的时间、律师的作用、律师辩护权的保障、律师调查取证权的内涵等问题进行了深入的探讨，很多观点被写入1996年修改的《刑事诉讼法》，比如律师介入刑事诉讼的时间。1996年修改的《刑事诉讼法》第三十三条规定："公诉案件自案件移送审查起诉之日起，犯罪嫌疑人有权委托辩护人。自诉案件的被告人有权随时委托辩护人。""人民检察院自收到移送审查起诉的案件材料之日起三日以内，应当告知犯罪嫌疑人有权委托辩护人。人民法院自受理自诉案件之日起三日以内，应当告知被告人有权委托辩护人。"第九十六条规定："犯罪嫌疑人在被侦查机关第一次讯问后或者采取强制措施之日起，可以聘请律师为其提供法律咨询、代理申诉、控告。犯罪嫌疑人被逮捕的，聘请的律师可以为其申请取保候审。"

律师介入刑事诉讼的时间从庭审阶段提前到侦查阶段，这引发了学界的热烈讨论。吴平在《律师提前介入：刑事辩护面临的机遇与挑战》一文中指出："挑战之一是：律师的政治风险增加。由于社会公众对犯罪的憎恨厌恶，由于'左'的思潮影响，律师的活动被一些人认为是为犯罪分子开脱罪责，与公检法唱对台戏。……挑战之二是：律师的辩护责任和难度增加。……律师提前介入，在侦查阶段就参与诉讼，这对我国律师来说是一个全新的领域。律师既无实践经验，也无理论指导，而可以肯定，律师不可能像以前那样基本上'吃'侦查机关、检察机关的案卷材料的'现成饭'来辩护。它需要律师充分发挥自己的主观能动作用，主动收集有利于犯罪嫌疑人、被告人的事实材料。这里有很多的'道道'，有很多为律师所不熟悉的东西，迫切需要律师去认识去把握。挑战之三是：律师遵守职业道德的难度增加。律师所享有的权利越大，滥用权利机会相应地也就增多。有的辩护律师可能会抵挡不住某些诱惑做一些与律师职业道德相违背的事，如帮助犯罪嫌疑人隐匿、毁弃、伪造证据或者串供；威胁、引诱证人、鉴定人、译员作伪证、虚假的鉴定或翻译，干扰司法机关的诉讼活动；示意犯罪嫌疑人、被告的亲属托人说情，请客送礼，或者直接向司法人员行贿；泄露国家机密、商业秘密及当事人的秘密等等。"[17]

除此之外，1996年《刑事诉讼法》修改后，关于律师参与刑事诉讼活动，学术界关心哪些问题呢？

本书进行了检索梳理。通蜀在《刑诉法修改——中国律师的渴望》一文中指出："修改后的刑事诉讼法扩大了律师在刑事诉讼中的权利和作用，也必将对我国律师事业的发展起到重大的推动作用，而这无疑是律师界的渴望。"[18]但是晏子的《律师胜诉靠什么？》[19]一文中出现"打官司就是打关系！"谈到律师与司法人员的关系。为此，有学者建议设立"律师妨害司法公正罪"，以防止律师在"金钱与正义中间迷失方向"。

关于律师调查取证方面，无论理论界还是实务界都普遍认为律师在侦查阶段不能调查取证。第一个理由是：律师在侦查阶段调查取证可能改变刑事诉讼证据的原始状态，妨碍侦查取证的真实性。比如证人证言、被害人陈述和犯罪现场，非常容易受到各种外来因素的影响。物证和书证由于其本身的客观属性，受人为因素的影响要小一些，但是这类证据往往具有单一性，只有一个，如果允许律师调查，而律师先行一步获得了该证据，侦查机关再也不可能调查收集到原始的物证或者书证，而只能转向律师"调取"，这在实践中是很难想象其可行性的，实际后果必是妨碍侦查活动。第二个理由是：律师在侦查阶段调查取证可能造成"双线调查"甚至"以调查反侦查"的局面。例如，同时询问同一个证人或者被害人，同时到有关单位或者个人调取物证或者书证，出现这种情况时，到底以谁为先，以谁为主？即便分出了先后和主次，如果侦查机关的侦查结果与律师的调查结果不一致，如同一个证人分别所作的证言不一致，将给侦查工作造成被动。第三个理由是：律师在侦查阶段调查取证，遇到对犯罪嫌疑人不利的证据时很难处理。第四个理由：律师在侦查阶段的调查取证权没有明确肯定的法律依据。1996 年修改的《刑事诉讼法》第九十六条规定，"律师在侦查阶段仅仅是法律帮助人，而不是辩护人，因此不能享有调查取证权。"[20]

2012—2018 年，关于侦查阶段律师调查取证权的研究主要集中在以下两个方面。一是法律框架的完善与限制。2012 年《刑事诉讼法》的修改进一步地明确了律师在侦查阶段的法律地位，律师可以直接以辩护人身份介入侦查阶段。然而，尽管律师在侦查阶段的介入得到了法律认可，但律师的身份没有被确认，其调查取证权仍受到一定限制。根据 2012 年修改的《刑事诉讼法》第四十一条，辩护律师可以调查取证，但是侦查阶段的律师并非辩护律师，因此，调查取证权主要适用于审查起诉和审判阶段，侦查阶段律师的调查取证权并未明确放开。二是在调查取证权的性质方面存在争议。有学者认为，侦查阶段律师的调查取证权主要在于对侦查活动进行修正和监督，保护犯罪嫌疑人的合法权益，而非与侦查权形成尖锐对抗。因此，律师的调查取证权在侦查阶段应保持适度“谦抑”，避免过度介入侦查活动。除此之外，关于律师法律地位存在争议，关于律师在侦查阶段的法律地位，理论界和实务界存在不同观点。一种观点认为，律师在侦查阶段应被视为“准辩护人”，其主要职能是为犯罪嫌疑人提供法律帮助，为后续的辩护活动做准备。另一种观点认为，律师在侦查阶段的活动范围和权利受限，不应完全等同于辩护人。尽管法律赋予律师在侦查阶段提供法律帮助的权利，但实际操作中，律师在侦查阶段的调查取证权仍面临诸多限制。例如，律师在侦查阶段无法申请侦查机关协助调查取证，且调查取证的范围和方式受到严格限制。有学者建议，应在现有法律框架内进一步地明确律师在侦查阶段的“辩护人”地位，并赋予律师更多的权利，如调查取证权和讯问在场权。此外，还应建立配套机制，如对违反律师在场权的口供予以排除的规则，以加强律师权利的实际保障。

在国际上，许多国家已经赋予律师在侦查阶段较为广泛的调查取证权。例如，在英国和德国，律师在侦查阶段可以申请法院协助调查取证，且律师的调查取证活动被视为对侦查活动的必要补充。我国可以借鉴这些经验，进一步地完善律师在侦查阶段的调查取证权，以更好地保障犯罪嫌疑人的合法权益。

从总体来看，2012—2018 年，关于侦查阶段律师调查取证权的研究逐渐深入，但实践中仍面临诸多限制和挑战。需要进一步地完善法律框架，明确律师的权利和地位，以推动刑事诉讼制度的民主化和科学化。

2018 年修改《刑事诉讼法》至今，我国学者对侦查阶段律师调查取证权的研究主要集中在以下三个方面：一是 2018 年修改的《刑事诉讼法》进一步地明确了律师在侦查阶段的辩护人身份，但对律师在侦查阶段的调查取证权仍未完全放开。学者普遍认为，尽管法律未明确禁止律师在侦查阶段的调查取证权，但实践中律师的调查取证仍面临诸多限制。二是调查取证权的性质。有学者指出，律师在侦查阶段的调查取证权应具有“谦抑性”和“补充性”，其主要目的是修正和监督侦查行为，而非与侦查权形成对抗。部分学者从法律解释学的视角认为，2018 年修改的《刑事诉讼法》第三十九条可以被解释为赋予律师在侦查阶段一定的调查取证权。三是实践中的困境。律师在侦查阶段的调查取证权受到诸多限制，如无法申请侦查机关协助调查取证，且调查取证的范围和方式较为狭窄。

有学者指出，律师在侦查阶段的调查取证活动需要进行风险评估，以避免由不当取证行为引发的法律风险。理顺律师调查取证权与后续证据开示制度的衔接路径，也是未来研究的重要方向。

2018 年《刑事诉讼法》修改至今，我国学者对侦查阶段律师调查取证权的研究在理论和实践层面均取得了一定的进展，但仍面临诸多挑战。

1　侦查阶段律师调查取证权概述

1.1　侦查阶段律师调查取证权的概念

1.1.1　律师调查取证权的概念

律师的“调查取证权，是辩护律师的一项基本诉讼权利，是律师进行刑事辩护的基础和前提。”[21]

从法律规定层面来看，作为我国刑事辩护制度一个至关重要的组成部分，律师的调查取证权随着《刑事诉讼法》的不断修改和完善，实际上经历了一个从无到有的发展过程。这一过程不仅体现了我国法律体系的进步和成熟，而且反映了对犯罪嫌疑人合法权益保护意识的增强。在早期的法律框架中，律师在刑事诉讼中的角色相对受限，其调查取证的权利并不明确，甚至在某些情况下被忽视。然而，随着法律的逐步完善，律师的调查取证权得到了明确的法律支持和保障，这不仅有助于律师更好地履行其辩护职责，而且为司法公正和透明度的提升奠定了基础。

这一过程不仅体现了我国法律体系的进步和成熟，而且反映了对犯罪嫌疑人合法权益保护的日益重视。我国 1979 年制定的《刑事诉讼法》中对律师的调查取证权未作具体的规定，而 1980 年通过的《中华人民共和国律师暂行条例》（以下简称《律师暂行条例》）第七条规定：“律师参加诉讼活动，有权依照有关规定，查阅本案资料，向有关单位、个人调查，律师担任刑事辩护人时，可以同在押的被告人会见和通信。律师进行前款所列活动，有关单位、个人有责任给予支持。”1996 年修改的《刑事诉讼法》增加了第三十七条：“辩护律师经证人或者其他有关单位和个人同意，可以向他们收集与本案有关的材料，也可以申请人民检察院、人民法院收集、调取证据，或者申请人民法院通知证人出庭作证。”“辩护律师经人民检察院或者人民法院许可，可以经被害人或者其近亲属、被害人提供的证人同意，可以向他们收集与本案有关的材料。”2012 年修改的我国《刑事诉讼法》对此条未作修改，但是却赋予侦查阶段律师辩护人地位。根据我国现行的《刑事诉讼法》，侦查阶段的律师享有辩护的权利。新增的条款明确指出，律师在侦查阶段即可介入案件，有权向侦查机关了解犯罪嫌疑人涉嫌的罪名，并可以申请调取、复制与案件有关的证据材料。此外，律师在审查起诉和审判阶段，可以向人民检察院和人民法院提出调取证据的申请，以及要求通知证人出庭作证。这些修改不仅增强了律师在刑事诉讼中的作用，而且保障了犯罪嫌疑人和被告人的合法权益，体现了我国刑事诉讼法在保障人权方面的进步。

2018 年，《刑事诉讼法》再次迎来重大修改，其中对律师取证权的规定未作修改。在我国现行的立法框架和法律体系下，长期以来，在司法实践中，律师在进行调查取证工作时，面临诸多困难和挑战。这个问题被广泛地讨论和关注，许多人称“律师调查取证难是一个老问题”。那么，律师在调查取证过程中遇到的这些难题究竟是从何时开始出现的呢？事实上，律师调查取证难并非自始至终都是司法实践中的常态，它是在特定的历史时期和社会背景下逐渐显现并成为一个需要解决的问题的。

我国 1979 年制定的《刑事诉讼法》，并没有明确赋予律师调查取证的权利。然而，在 1980 年颁布的《律师暂行条例》中，律师被定义为“国家的法律工作者”。基于这样的身份定位，律师在进行调查取证活动时，通常能够获得被调查单位和个人的积极配合与支持。从法律性质上分析，这一时期的律师调查取证权实际上更接近于一种“权力”。尽管如此，从律师介入调查取证的时间点来看，律师在这一时期仅被允许在审判阶段开展调查取证工作。这一点在法律程序中显得尤为重要，因为它确保了律师能够在法庭上为当事人提供充分的辩护。律师的调查取证工作通常包括收集证据、访问证人以及准备法律文件等，这些都是为了在审判过程中能够有效地支持当事人的立场和论点。

1996 年，随着《刑事诉讼法》的修改以及《中华人民共和国律师法》的颁布，律师这一职业的身份和角色发生了显著的变化。律师不再被视作国家工作人员，而是以一种更为独立的法律服务提供者的身份出现。这一变革标志着律师在进行调查取证工作时面临了前所未有的挑战。从那时起，律师在调查取证过程中，不仅遭遇了更多的困难，而且有时会面临一定的危险。然而，尽管如此，律师在审查起诉阶段获得了行使调查取证权的法律保障，这为他们提供了在司法程序中发挥作用的重要途径。进入2012年，尽管《刑事诉讼法》在律师调查取证的具体操作上没有进行实质性的修改，但通过修正案，进一步地明确了律师在侦查阶段作为辩护人的法律地位，从而为律师在刑事诉讼中提供了更为坚实的法律基础和保障。

从学术界的研究来看，律师调查取证权有广义说和狭义说。“广义的调查权包括阅卷权、摘抄权、复制权、同在押的犯罪嫌疑人或被告人的会见权与通信权、取证权。”[22]在法律实践中，律师调查取证工作可以被广泛地理解为包含两个主要方面：自行调查取证和申请调查取证。所谓自行调查取证，涉及律师在得到相关单位或个人的同意之后，主动地向他们收集与案件直接相关的各种证据材料。这种做法要求律师在进行调查时必须遵守法律法规，尊重被调查者的合法权益，确保调查活动的合法性和正当性。另一方面，申请调查取证指的是律师通过正式的法律程序，向法院或检察院提出申请，请求这些司法机关调取和收集那些有利于犯罪嫌疑人或被告人的证据材料。此外，律师还可以申请证人出庭作证，以确保案件审理的公正性和全面性。至于狭义的律师调查取证权，通常仅指律师在法律框架内所拥有的取证权利，而不包括上述申请调查取证等其他相关活动。

在本书看来，律师的调查取证权实际上是指辩护律师为了确保犯罪嫌疑人、被告人的合法权益得到充分的保护和维护，在整个法律程序中，依据客观事实和相关法律法规，从实体和程序两个维度出发，进行深入的调查和资料的收集工作。这项权利的核心目的在于收集和整理出能够有效地支持辩护方立场的证据材料，以此来推翻或反驳控告方所提出的指控，确保案件的公正审理和判决。在此过程中，律师必须运用其专业知识和经验，细致地分析案件的每一个细节，包括但不限于证人的可信度、证据的合法性以及事实的客观性。他们需要通过访谈、审查文件等手段来构建一种全面且有力的辩护策略。此外，律师在执行调查取证权时，还必须遵守职业道德和法律规定，确保其行为的合法性和正当性，避免侵犯他人权益或造成不必要的法律纠纷。这种细致入微的工作，不仅要求律师具备扎实的法律功底，更要求他们具有高度的责任心和正义感，以确保每一个案件都能得到公正的对待。

然而，律师调查取证权的实施并非没有挑战。在实际操作中，律师可能会遇到证据获取困难、信息不对称以及法律程序复杂等问题。这些问题不仅考验着律师的专业能力，而且对法律体系的完善程度提出了要求。因此，除了加强律师的专业培训，提高其调查取证的技能，还需要对现行的法律体系进行优化，确保律师能够顺利地行使调查取证权。

此外，随着科技的发展，电子数据在法律案件中的作用日益凸显。律师在调查取证时，应充分利用现代信息技术，如数据分析、网络取证等手段，以适应新时代的法律需求。这不仅能够提高取证的效率和准确性，而且能在一定程度上弥补传统取证方法的不足。律师的调查取证权是确保司法公正的重要保障。通过不断优化法律体系、提升律师的专业技能以及利用现代科技手段，可以有效地增强律师在法律程序中的作用，从而更好地维护当事人的合法权益，推动司法公正的实现。

在探讨律师调查取证权的概念时，我们注意到学术界存在不同的理解和诠释。本书认为，这种差异性的认识源于《刑事诉讼法》的不断发展和完善。随着我国法律体系的逐步演进，刑事诉讼的各个阶段都赋予律师调查取证权不同的内涵和外延。以 2012 年修改的《刑事诉讼法》为例，该法律明确强调了保障人权和非法证据排除规则，这无疑对律师在刑事诉讼中的角色和职能产生了深远的影响。

众所周知，诉讼的本质在于证据的搜集、审查和运用，因为打官司就是打证据。而随着我国立法对辩护制度的不断加强和完善，律师在刑事诉讼中的地位和作用也经历了显著的变化。这些变化不仅体现在律师可以调查取证的范围上，更体现在律师调查取证的环境和保障机制上。尽管关于律师调查取证的具体法律条文可能未发生根本性的变化，但是律师调查取证的实践环境以及相关的保障措施已经得到了显著的改善和加强。例如，关于律师会见权利的法律条文的修改，就为律师的调查取证工作提供了更为有力的法律保障，从而确保了律师能够更有效地履行其职责，维护当事人的合法权益。

综上所述，本书持律师的调查取证权广义说，认为律师的调查取证权是全面的。律师调查取证权是指在刑事诉讼过程中，律师接受刑事案件当事人的委托，为了维护犯罪嫌疑人、被告人的合法权益，根据事实和法律，从实体和程序两个方面调查和收集有利于推翻和反驳控告人控诉材料的权利；通过阅卷、调查走访等方法，发现和取得与案件有关的各种刑事诉讼证据材料的权利，申请证人出庭作证，申请人民法院、人民检察院调取证据，以及同在押的犯罪嫌疑人或被告人会见和通信的权利，调查收集关于非法证据排除等程序性材料的权利。

然而，律师在进行调查取证过程中，其权利并非无限的，而是受到一定的限制。在实际操作中，律师的调查取证活动必须严格遵守法律法规，尊重事实真相，不得有任何伪造、隐匿证据的行为，也不得通过威胁、引诱等不当手段使证人作出虚假的证词。此外，律师在调查取证过程中，应当严格遵循职业道德，保护当事人的隐私权和其他合法权益，避免对第三方造成不必要的损害，确保整个调查取证过程的公正性与合法性。

在当前的司法实践中，律师调查取证权的行使还面临诸多挑战。例如，律师在调查取证时可能会遭遇证据获取难、证人不愿配合等问题。对此，本书认为，应当进一步地完善相关法律法规，为律师的调查取证权提供更加明确的法律依据和操作指南，同时加强律师与司法机关之间的沟通与协作，确保律师能够在法律框架内有效地行使调查取证权。

为了提升律师调查取证的效率和效果，可以考虑建立专门的律师取证快速响应机制，简化相关程序，缩短取证周期。对于那些妨碍律师取证的行为，应明确法律责任，确保律师的合法权益不受侵犯。此外，通过司法培训和教育，提升司法人员对律师取证权重要性的认识，也是保障律师顺利取证的关键。

在技术层面，可以借助现代信息技术（如电子取证工具）来辅助律师进行取证工作。通过建立电子证据数据库，律师可以更高效地获取和分析证据，提升取证的准确性和效率。同时，加强律师对电子证据处理能力的培训，确保他们能够熟练地运用这些工具，也是提高调查取证能力的重要手段。

通过完善法律法规、加强与司法机关协作、利用现代信息技术等多方面的措施，可以有效地解决律师在调查取证过程中遇到的问题，从而保障律师的调查取证权，维护司法的公正和效率。

1.1.2 侦查阶段律师调查取证权的概念

在学界，一些学者提出了关于侦查阶段律师调查取证权的讨论，他们认为，这一议题首先是一个政治性的问题，这背后反映了国家是否愿意赋予律师一种可能与国家权力形成对立的职能。这些学者倾向于将侦查阶段律师的调查取证权看作一种与侦查权相似的权力形式。然而，本书对此持有不同的观点。在本书看来，在侦查阶段，律师所拥有的调查取证权实际上并不属于公权力的范围，而应当被视为一种辩护权。从根本上讲，这种权利是诉讼过程中的一部分，其存在的意义在于律师是为了维护犯罪嫌疑人或被告人的合法权益而行使的。其核心目标和宗旨在于确保司法的公正性，以及在诉讼过程中平衡双方的力量对比。

具体来说，律师在侦查阶段的调查取证权，是为了保障犯罪嫌疑人或被告人能够充分行使自己的辩护权利，避免由信息不对称或证据不足导致的不公正审判。这种权利的行使，不仅有助于揭示案件的真相，而且能够有效地防止司法机关滥用职权，确保犯罪嫌疑人或被告人能够在平等的基础上与控方进行对抗。通过律师的调查取证，可以为犯罪嫌疑人或被告人提供更多的防御手段，从而在一定程度上平衡诉讼双方的力量，使得司法审判更加公正与合理。

进一步地说，赋予律师在侦查阶段调查取证的权利，实际上是对犯罪嫌疑人或被告人权利的一种重要保障。在司法实践中，侦查机关往往掌握着大量的资源和信息，而犯罪嫌疑人或被告人则处于相对弱势的地位。如果律师能够在此阶段进行调查取证，将有助于发现可能被忽视的证据，从而为犯罪嫌疑人或被告人提供更为全面的辩护。这种做法不仅有助于平衡控辩双方的力量，而且能确保案件的公正审理。律师在侦查阶段的介入，可以有效地监督侦查机关的行为，防止滥用职权和侵犯人权的情况发生。通过律师的调查取证，可以确保所有相关证据都被充分考虑，避免由信息不对称导致的冤假错案。因此，赋予律师在侦查阶段调查取证的权利，不仅是对犯罪嫌疑人或被告人权利的保障，更是对整个司法公正体系的完善和提升。律师在司法程序中扮演着至关重要的角色，他们不仅能够深入调查证人的可信度，收集有利于被告人的证据，而且可以挑战侦查机关的证据链，确保案件的审理不会因为信息不对称而产生任何偏差。此外，律师的介入还可以帮助犯罪嫌疑人或被告人更好地理解案件的进展和法律程序，从而在法律框架内做出更为明智的决策。这种权利的赋予，不仅有助于维护司法公正，而且能增强公众对司法系统的信任，因为一个能够平衡各方力量的司法体系更能体现其公正性和透明度。律师的存在使得法律的天平更加平衡，确保每个人都能在法律面前获得公平的待遇。他们的专业技能和经验，使复杂的法律问题得以清晰地解释和处理，从而保障了当事人的合法权益。律师的参与不仅提升了案件审理的质量，而且为整个司法系统注入了更多的公信力和权威性。

此外，律师在侦查阶段享有的调查取证权，对于提升司法程序的透明度和确保司法公正性起到了至关重要的作用。通过律师的积极参与，他们能够对侦查机关的行为进行有效的监督，从而防止侦查机关滥用职权以及侵犯个人的基本人权。这种做法不仅有助于增强公众对司法系统的信任和信心，而且与国际人权法的相关规定相一致。例如，《公民权利和政治权利国际公约》中明确地提出了关于公正审判的权利保障，确保每个人在法律面前都能得到公平对待。

综合以上分析，我们可以得出结论，律师在侦查阶段拥有的调查取证权，实际上不应被理解为一种与国家权力相对抗的工具。相反，它应当被视为一种关键的机制，用以维护司法过程的公正性，并且在诉讼双方之间起到平衡力量的作用。通过不断地完善立法和司法实践，确保律师能够充分且有效地行使他们的调查取证权，这对于构建一种更加公正、透明的司法环境具有至关重要的意义。只有这样，才能确保法律的正确实施，保护当事人的合法权益，同时促进社会的和谐与稳定。

为了确保研究的明确性和界定清晰，本书讨论的侦查阶段律师调查取证权采用了广义的定义方式。这意味着，在侦查阶段，作为辩护人的辩护律师拥有的权利，其核心目的是维护犯罪嫌疑人的合法权益，有效地对抗控方的指控，协助侦查机关深入挖掘案件的真相，并确保人权得到充分尊重以及程序正义得以贯彻实施。这些权利的行使涉及一系列的活动，包括但不限于走访、询问、会见等手段，通过这些手段向相关的单位和个人收集与案件相关的证据。

从内容上进行细致的划分，侦查阶段律师调查取证权具体涵盖了以下五个方面。其一是自行调查权，指的是辩护律师在获得证人或其他单位和个人的同意之后，可以向他们收集与案件相关的证据；其二是会见权，即律师在侦查阶段有权与犯罪嫌疑人会见，以便直接从他们那里获取证据；其三是阅卷权，即律师有权查阅与案件相关的各种文件和资料；其四是在场权，即在某些侦查活动中，律师有权在场，以确保侦查活动的合法性和公正性；其五是申请调查取证权，即律师可以向侦查机关提出申请，要求其进行特定的调查取证工作。这些权利的行使，不仅有助于辩护律师更有效地履行其职责，而且对于整个司法系统的公正性和效率也具有重要的促进作用。

下面将深入地探讨一个核心议题，即在我国目前的法律体系中，侦查阶段的律师是否真正拥有侦查权？这个问题构成了本书论述的基础。这个问题不仅关系到法律程序的公正性，而且对于犯罪嫌疑人的合法权益保护具有至关重要的影响。从词语来看，“侦查”对应的英文单词是 investigation，“调查”对应的英文单词也是 investigation。因此，我们需要仔细地分析和审视现行法律条文，以及实际操作中的具体做法，来探讨律师在侦查阶段是否能够有效地行使侦查权，以及这一权利的范围和限制。

为了全面地回答这个问题，我们首先需要深入地理解“侦查权”的概念及其在法律实践中的具体应用。侦查权，通常是指在刑事诉讼过程中，侦查机关为了彻底查明犯罪事实、收集相关证据、确定犯罪嫌疑人以及为后续的法律程序做好准备，而进行的一系列调查和取证活动的权力。这一权力的行使对于整个刑事诉讼的公正性和效率具有至关重要的影响。在这一过程中，律师的角色和权利范围一直是法学界和实务界争论的焦点。律师作为犯罪嫌疑人或被告人的法定代理人，其职责是为客户提供法律咨询、代表客户参与诉讼、保护客户的合法权益。然而，在侦查阶段，律师的介入程度、调查权的范围以及与侦查机关的互动方式等问题，常常成为讨论和争议的热点。这些讨论不仅涉及法律条文的解释和适用，而且涉及司法公正、人权保护以及法律程序的效率等多个层面。

在我国，律师在侦查阶段的参与度以及权利保障一直是法律改革过程中备受关注的重要议题。根据现行的《刑事诉讼法》，律师被赋予重要的权利，他们有权会见被拘留的犯罪嫌疑人，为其提供专业的法律咨询，代理申诉、控告等法律事务。这一系列权利的赋予，旨在确保犯罪嫌疑人在侦查阶段能够得到公正的对待，并且能够获得必要的法律帮助。然而，尽管律师在侦查阶段扮演着不可或缺的角色，但是侦查权的行使主体主要是公安机关、国家安全机关以及其他具有侦查职能的国家机关，律师并不直接拥有侦查权。这意味着律师在侦查阶段的参与更多是辅助性质的，他们不能直接进行侦查活动，如收集证据、询问证人等，这些活动仍然由国家机关负责。因此，如何平衡律师的权利与国家机关的侦查权，确保犯罪嫌疑人的合法权益得到充分保护，同时不损害侦查工作的有效进行，是我国法律改革中需要不断探索和完善的问题。

尽管如此，律师在侦查阶段扮演的角色是绝对不可以被忽视的。他们利用法律的专业知识和技能，可以对侦查机关的行为进行有效的监督和审查，确保侦查活动的合法性，防止侦查过程中可能出现的对犯罪嫌疑人合法权益的侵犯。此外，律师还可以通过提出专业的意见和建议，对侦查的方向和证据的收集提供具有指导性的帮助，从而间接地影响和推动侦查工作的进展，确保案件的公正处理。

因此，尽管律师在侦查阶段没有直接的侦查权，他们不能直接参与案件的调查和证据的收集工作，但他们在保障犯罪嫌疑人的合法权益、维护法律的正确实施以及促进司法公正方面，发挥着不可或缺的作用。律师通过为犯罪嫌疑人提供法律咨询、帮助他们了解自己的权利和义务、协助他们进行合法的辩护等手段，确保了犯罪嫌疑人在侦查阶段能够得到公正的对待。未来，随着法治建设的不断深入，律师在侦查阶段的权利和地位有望得到进一步的明确和加强。这将有助于提高司法效率，确保每一个公民在法律面前都能得到平等的对待，同时有助于构建更加公正、透明的司法体系。

2018 年修改的《刑事诉讼法》第四十二条明确地指出："辩护人收集的有关犯罪嫌疑人不在犯罪现场、未达到刑事责任年龄、属于依法不负刑事责任的精神病人的证据，应当及时告知公安机关、人民检察院。"第三十四条规定："犯罪嫌疑人自被侦查机关第一次讯问或者采取强制措施之日起，有权委托辩护人；在侦查期间，只能委托律师作为辩护人。被告人有权随时委托辩护人。""侦查机关在第一次讯问犯罪嫌疑人或者对犯罪嫌疑人采取强制措施的时候，应当告知犯罪嫌疑人有权委托辩护人。人民检察院自收到移送审查起诉的案件材料之日起三日以内，应当告知犯罪嫌疑人有权委托辩护人。人民法院自受理案件之日起三日以内，应当告知被告人有权委托辩护人。犯罪嫌疑人、被告人在押期间要求委托辩护人的，人民法院、人民检察院和公安机关应当及时转达其要求。""犯罪嫌疑人、被告人在押的，也可以由其监护人、近亲属代为委托辩护人。”“辩护人接受犯罪嫌疑人、被告人委托后，应当及时告知办理案件的机关。”通过仔细分析这两条法律规定，我们可以清晰地看出，我国的法律体系已经明确赋予律师在侦查阶段进行调查取证的权利，这是对犯罪嫌疑人合法权益保护的重要体现。

那么，为何在理论界还会出现关于此问题的争议呢？实际上，2012 年由最高人民检察院副检察长总主编的新刑事诉讼法适用指导丛书《新刑事诉讼法适用疑难问题解答》中，对于受聘律师在侦查阶段拥有的权利和义务进行了详细的解答。该书中明确地指出，在侦查阶段，由于犯罪嫌疑人所涉嫌的犯罪行为尚未查清，证据也未收集充分，为了保证侦查活动的顺利进行，《刑事诉讼法》对律师介入诉讼活动做了必要的限制。这些限制主要包括七个方面，其中一个方面就是律师在侦查阶段无权进行调查取证。也就是说，律师在侦查阶段不能行使调查取证权。此外，该书中还提到，我国历来是一个单轨制侦查模式的国家，2012 年修改的《刑事诉讼法》第一百一十三条对我国单轨制的侦查模式进行了确认，即法律赋予公安机关刑事案件全面的侦查权，同时排除了其他非侦查主体的侦查权。然而，2012 年由公安部法制局局长主编的《新刑事诉讼法释义与公安实务指南》中，对我国 2012 年修改的《刑事诉讼法》第四十一条辩护律师的收集证据权的实务指引提出了不同的观点。该书认为，辩护律师向证人或者其他单位收集证据的权利在侦查、审查起诉和审判阶段都可以行使。因此，正是这些不同的法律解释和观点，导致了理论界对于律师在侦查阶段权利和义务的争议。这种争议的存在，反映了法律实践中对于律师角色和职能的不同理解和期待。一方面，有观点认为，为了确保侦查的效率和公正，必须对律师在侦查阶段的活动进行限制，以防止可能的干扰和破坏。另一方面，也有观点认为，律师作为犯罪嫌疑人的法定代理人，应当享有充分的权利来保护当事人的合法权益，包括在侦查阶段进行必要的调查取证工作。这种争议不仅关系到律师职业的定位和作用，而且关系到《刑事诉讼法》的实施效果和犯罪嫌疑人的基本权利保障。

根据著者的深入分析和理解，目前在我国的侦查阶段，律师确实享有一定的调查取证权。众所周知，我国的刑事诉讼活动是按照不同的阶段来组织和进行的，每个阶段都有其特定的任务和目标，以及参与其中的人员角色，这些都由法律条文作出了明确的规定。这种阶段性的程序设计，实际上为我们提供了一条清晰的路径，以便更高效、更迅速地实现对犯罪行为的打击和惩罚，同时确保人权得到充分的保障。在侦查阶段，我们的主要任务是查明案件的真相，收集相关的犯罪证据，并且采取措施抓捕犯罪嫌疑人。那么，在这样一个关键的阶段，律师介入的目的是什么呢？律师又是基于什么理由，在侦查阶段享有调查取证的权利呢？针对这一问题，理论界和实务界存在着一定的争议和讨论。本书认为，这种争议的存在，主要是出于以下三个方面的原因。其一，律师作为法律专业人士，在侦查阶段介入，可以为犯罪嫌疑人提供专业的法律帮助和咨询，确保其合法权益不受侵犯。其二，律师的调查取证权有助于平衡控辩双方的力量，防止侦查机关滥用职权，保障侦查活动的公正性。其三，律师的参与也有助于提高侦查效率，通过律师的专业知识和技能，可以更快地锁定关键证据，为案件的顺利推进提供有力支持。

首先，我们需要注意的是，侦查阶段律师调查取证权与公安机关的侦查权这两个概念经常被混淆。2012 年修改的《刑事诉讼法》实施之后，许多侦查人员对于律师介入侦查过程有些抵触，这种抵触情绪在很大程度上源于对律师调查取证权性质的误解。在我国，犯罪侦查权长期以来被视为国家赋予侦查机关的一项重要权力。对于侦查人员而言，这不仅是他们的职责所在，更是他们的神圣使命。侦查人员作为国家的公职人员，肩负着维护正义的重任，侦查权是法律赋予他们的武器，用以对抗所有犯罪行为。与此同时，律师作为独立的法律职业者，提供的是有偿服务，代表了私权利。在侦查阶段，侦查人员无疑是主导者。侦查阶段律师的调查取证权在本质上是一种私权利，它不具备强制性。如果我们从全球的视角出发，从现代法治发展的趋势以及侦查工作的法治化角度来看，我们能够清晰地理解这两者之间的差异。进一步地，我们可以认识到，赋予侦查阶段律师调查取证权实际上是对侦查权的一种有效监督，它有助于防止刑讯逼供和其他违法侦查行为的发生，从而确保侦查工作的公正性与合法性。实际上，律师在侦查阶段的调查取证权，是法律赋予犯罪嫌疑人的一种保障，它确保了犯罪嫌疑人能够在侦查过程中获得专业的法律帮助，从而平衡了侦查机关与犯罪嫌疑人之间的力量对比。这种平衡对于维护犯罪嫌疑人的合法权益至关重要，它有助于构建一个更加公正和透明的刑事司法体系。因此，侦查人员应该转变观念，理解并接受律师在侦查阶段的合法角色，共同推动我国刑事诉讼制度的进步和完善。

在进一步地探讨法律实践中的相关问题时，我们不得不指出，目前我国的法律体系中尚未对律师调查取证权与侦查阶段律师调查取证权这两个概念作出明确的界定和区分。实际上，律师调查取证权这一术语在不同的语境下有着不同的含义，它既可以被理解为一个广义的概念，也可以被限定为一个狭义的概念。那么，针对侦查阶段的律师调查取证权，是否也应该存在广义和狭义的区分呢？这是一个亟待深入研究和讨论的问题。具体来说，侦查阶段的律师调查取证权与律师在侦查阶段的阅卷权、会见通信权之间究竟存在怎样的联系和区别？由于我国现行的法律体系中，在侦查阶段并没有明确地规定证据展示的程序，为了保证侦查工作的顺利进行，律师在侦查阶段是不被赋予查阅侦查机关案卷的权利的。因此，根据当前我国的法律规定，侦查阶段的律师调查取证权并不包括查阅案卷这一内容。

此外，我们还应当注意到，在侦查阶段，律师的调查取证活动受到诸多限制。这些限制不仅体现在对案卷的查阅上，而且涉及对证据的收集和使用。律师在侦查阶段进行调查取证时，必须遵守相关的法律规定，不能随意采取可能干扰侦查活动的手段。例如，律师既不能直接向证人取证，也不能对侦查机关已经掌握的证据进行复制或转移。这些限制的目的是确保侦查机关能够有效地进行犯罪调查，防止证据被破坏或丢失，同时保护犯罪嫌疑人的合法权益。

在探讨侦查阶段律师调查取证权与申请证人出庭、申请调查取证之间的关系时，本书试图通过解答一个核心疑问来展开详细的论述。这个核心疑问是：在我国现行的《刑事诉讼法》中，当侦查阶段律师被确认为辩护人身份之后，他们是否自动获得了律师所享有的调查取证权？本书认为，虽然我国现行的《刑事诉讼法》赋予侦查阶段律师辩护人的身份，这确实为律师提供了进行调查取证的基础条件，但这并不等同于律师拥有了之前所提及的广泛意义上的律师调查取证权。以下两点是本书支持这一观点的主要原因。其一，我们必须认识到侦查程序在整个刑事诉讼中占据着至关重要的地位。毫无疑问，公安机关作为专门负责打击犯罪、维护社会治安秩序的机构，在刑事诉讼侦查程序中扮演着主角的角色。如果侦查部门不能及时有效地进行侦查破案、收集证据，那么我们的刑事诉讼程序将如何顺利推进？又如何能够实现惩罚犯罪、保障人权这一诉讼的根本目的呢？因此，侦查阶段虽然确定了辩护人的地位，但这并不意味着辩护人拥有了与侦查机关相同的调查取证权。其二，在侦查阶段，案件的许多细节和证据尚未完全公开，因此这个阶段具有一定的保密性。在这个时期，由于案件事实尚在调查之中，很多关键证据还未被收集齐全，因此，在我国的法律体系中，律师的调查取证权利，包括查阅案件材料和申请收集证据等，在侦查阶段是无法得到充分实现的。侦查阶段的律师面临诸多限制，他们无法行使申请调取证据的权利。此外，关于申请证人出庭作证的问题，在我国的司法实践中，由于缺乏预审法院这一环节，侦查阶段律师是无法提出让证人作证的申请的。因此，侦查阶段律师的调查取证权和申请证人作证的权利都受到了严格的限制。

在深入探讨和分析了相关法律条文以及实际操作中的变化之后，本书试图详细地表达著者的看法，即在2018年修改的《刑事诉讼法》中，我国的律师在侦查阶段被赋予调查取证的权利，然而这种权利并非无限制，而是有所约束和限制的。

1.2 侦查阶段律师调查取证的范围和手段

1.2.1 侦查阶段律师调查取证的范围

对侦查阶段的律师调查取证权有了一个大概的认识后，可以展开深入的研究。在侦查阶段，从收集证据的范围来看，2012年修改的《刑事诉讼法》第一百一十三条明确规定公安机关收集、调取犯罪嫌疑人有罪或者无罪、罪轻或者罪重的证据材料；从收集证据的手段来看，《刑事诉讼法》也明确赋予侦查部门很多手段，2012年修改的《刑事诉讼法》第二编第二章第八节规定了技术侦查措施。相应地，2012年修改的《刑事诉讼法》第三十五条也规定律师的责任是根据事实和法律，提出犯罪嫌疑人、被告人无罪、罪轻或者减轻、免除其刑事责任的材料和意见。那么，这些规定是侦查阶段的律师调查取证权的范围吗？本书将从概念入手展开深入的探讨。

首先，我们必须明确律师调查取证权的概念。律师调查取证权是指在刑事诉讼过程中，律师依法享有的收集、调取证据的权利。这一权利是律师辩护职能的重要组成部分，对于保障犯罪嫌疑人、被告人的合法权益至关重要。2018年修改的《刑事诉讼法》进一步地强化了律师在侦查阶段的权利，明确了律师有权查阅、摘抄、复制案卷材料，以及向有关单位和个人调查取证。这些规定为律师在侦查阶段的调查取证提供了法律依据，也对侦查机关的权力进行了必要的限制和监督。

其次，我国现行的《刑事诉讼法》对律师的调查取证权进行了明确规定和规范。律师在调查取证过程中，除了可以采用传统的证据收集手段，还可以依法利用现代科技手段取证，例如通过网络、电子数据等方式获取证据。但律师在侦查阶段的调查取证权受到一定的限制。例如，律师在调查取证时不得妨碍侦查机关的正常工作，不得泄露国家秘密、商业秘密和个人隐私等。这些限制旨在平衡律师的调查取证权与侦查机关的侦查权，确保刑事诉讼的公正性和效率，同时保障相关主体的合法权益。

在深入研究的基础上，本书旨在详细地探讨律师调查取证权在实际操作过程中的具体应用方式，以及如何在维护律师权益的同时，确保侦查活动能够顺畅无阻地进行。此外，本书还将深入地分析律师调查取证权在不同类型案件中的适用范围和条件，探讨在实际操作中可能遭遇的种种挑战，并提出相应的解决策略。通过这些详尽的分析和探讨，我们能够更加全面和深入地理解律师调查取证权在侦查阶段扮演的关键角色以及在实际操作中面临的复杂性，进而为完善我国刑事诉讼制度提供有利的参考和具有建设性的建议。

所谓范围，通常指的是界限，也可以理解为某个特定事务所包含的内容。在法律程序中，侦查阶段律师调查取证的范围，具体来说，是指在这一阶段律师进行调查和取证活动时所应遵循的界限以及可以涉及的内容。从不同的角度和立场来看，这个范围的大小以及所包含的具体内容可能会有所不同。

在侦查阶段，律师作为辩护人的身份和地位决定了他们可以采取的行动。根据法律规定，侦查阶段律师的主要职责是收集和整理能够证明犯罪嫌疑人罪行较轻，或者有助于减轻、免除其刑事责任的各类材料和意见。在证据种类方面，律师在侦查阶段并不具备勘验、检查、搜查、扣押等侦查行为的权限，也不能执行侦查实验或组织辨认活动，因此，他们调查取证的内容自然不包括那些由侦查机关制作的勘验检查笔录、搜查笔录、侦查实验笔录以及辨认笔录等。

进一步地，根据 2012 年修改的《刑事诉讼法》第四十条的规定，辩护人收集证据的范围得到了明确，其中包括犯罪嫌疑人不在犯罪现场、未达到刑事责任年龄，以及依法不负刑事责任的精神病人等证据。从非法证据排除的角度来看，2012 年修改的《刑事诉讼法》第五十六条也规定了辩护人申请排除以非法方法收集的证据时，应当提供相关线索或者材料。因此，侦查阶段律师收集到的这些线索和材料，无疑构成了调查取证的重要内容。

此外，从保障诉讼参与人诉讼权利的角度出发，律师在侦查阶段收集的证据材料也应包括那些能够证明公安机关在处理案件过程中侵害嫌疑人诉讼权利的情况，例如超期羁押、未及时变更强制措施、未履行告知义务等程序方面的证据。从律师调查取证的对象来看，侦查阶段律师收集证据的范围应当包括向证人收集证据、向嫌疑人收集证据等，这些都是律师在侦查阶段可以进行的合法调查取证活动。

1.2.2 侦查阶段律师调查取证的手段

所谓手段，是指为实现某种目的而采取的方法、措施。在法律领域，侦查阶段律师为了收集证据，确保案件的公正审理，会采用一系列专业的方法和措施。这些手段可能包括但不限于访谈证人、审查相关文件和证据、进行现场勘查以及利用技术手段获取信息等。然而，《刑事诉讼法》并没有明确规定侦查阶段律师调查取证能采取哪些具体的措施和手段，这导致在实际操作中存在一定的模糊性和不确定性。学术界对此问题也没有展开过深入的研究和讨论，这使得律师在实际操作中缺乏明确的法律指导和理论支持。鉴于此，本书初步地谈一些看法，为侦查阶段律师的调查取证工作提供参考和借鉴。

首先，侦查阶段的律师通过会见调查取证。刑事诉讼有“三难”，即会见难、阅卷难、调查取证难。关于律师会见，2012 年修改的《刑事诉讼法》规定，除了危害国家安全犯罪、恐怖活动犯罪、特别重大贿赂犯罪案件这三类案件律师会见需要经侦查机关许可外，其他案件律师持“三证”就可以到看守所会见。那么，律师会见犯罪嫌疑人的目的是什么？本书认为，侦查阶段的律师会见其实就是收集证据的一种手段，是调查取证权的内容。1996 年修改的《刑事诉讼法》实施后，律师很难在侦查阶段见到犯罪嫌疑人，即使侦查部门安排律师会见，也会找各种理由安排一个侦查人员在旁边看着。2012 年修改《刑事诉讼法》后，彻底地改变了这种局面，律师会见不被监听，那么律师可以向犯罪嫌疑人询问案件情况，了解案件经过，可以通过犯罪嫌疑人的陈述找出一些疑点。在实践中，一些犯罪嫌疑人不敢对侦查人员说出某些关于自己无罪、罪轻的案件情况，那么律师通过会见可以收集这些证据，就有可能起到至关重要的作用。

其次，侦查阶段的律师通过走访调查取证。所谓律师走访调查取证，是指律师在侦查阶段接受犯罪嫌疑人的委托后，在不影响侦查部门的现场勘查和调取证据活动的前提下，通过走动、访问的方法向了解案件情况的有关单位和个人收集证据。此外。由于案件情况是错综复杂的，侦查部门也不是万能的，有些该收集的证据没有收集到，比如，在案发现场勘查时遗漏某些关键证据，在现场访问中遗漏关键的证人，等等。律师介入侦查后，通过走访，有可能弥补这些关键的漏洞。

最后，通过阅卷和参与案件调查取证，律师能够深入地理解案件的细节和证据推理链。通过仔细查阅侦查机关提供的所有相关文件和资料，辩护律师可以找出案件中存在的漏洞和证据的不足之处。此外，通过讯问犯罪嫌疑人时律师在场，或者在勘查现场时辩护律师亲自参与，可以收集到更多与案件直接相关的材料。这些材料对于构建辩护策略和为当事人争取合法权益至关重要。

在最终的法律程序中，律师扮演的角色至关重要。他们不仅是法律的代言人，更是当事人合法权益的捍卫者。然而，由于受到种种限制，包括职业身份的特殊性以及自身条件的局限，律师有时会发现自己在独立收集必要证据方面面临困难。在这种情况下，律师有权采取进一步的措施，以确保案件的顺利进行和公正裁决。

具体来说，当律师在收集证据过程中遇到难以克服的障碍时，他们可以向法院或检察院提出正式的书面申请。这种申请应当详细说明需要收集的证据类型、证据的重要性以及律师在收集证据过程中遇到的具体困难。通过这种正式的途径，律师可以请求司法机关提供必要的协助，以确保证据的完整性和可靠性。

法院和检察院作为司法体系的重要组成部分，有责任和义务支持律师的工作，特别是在证据收集方面。他们可以通过调用司法资源、派遣专业人员或采取其他必要措施，协助律师完成证据的收集工作。这样的合作不仅有助于律师更好地履行其职责，而且有助于维护司法公正和法律的严肃性，从而确保每一个案件都能在充分、公正的基础上得到审理和裁决。

1.3 侦查阶段律师调查取证的目的

1.3.1 帮助查明案件事实

侦查破案是法律赋予侦查机关的神圣职责，这一职责不仅是对普通国民的庄严承诺，而且是对舆论界、党政领导以及法律部门的郑重回应。在刑事案件中，最为引人注目的焦点无疑是公安机关破案的那一刻，“坏人落网”成为公众关注的焦点。在“命案必破”口号下，公安机关在侦查终结后便开始立功授奖，彰显了他们对社会安全的贡献。在侦查阶段，侦查部门作出的结论具有无可置疑的权威性，后面的审查起诉、审判等司法程序都依赖于侦查阶段取得的成果。这种权威性不仅体现在对案件事实的认定上，更体现在对犯罪嫌疑人的定罪和量刑上。侦查机关的工作不仅仅是破案，更是为整个司法体系提供坚实的基础，确保每一个案件都能得到公正、高效的处理。因此，侦查破案不仅是法律赋予侦查人员的职责，更是侦查人员对社会、对人民的庄严承诺，侦查人员必须全力以赴，确保每一个案件都能得到圆满解决。在面对错综复杂的案件时，尤其是在办案过程中，承受着巨大的压力，侦查人员是否能够 100% 地查明案件事实，确保无辜的人不会受到不公正的追究呢？答案显然是否定的。随着一些典型的冤假错案被媒体曝光，侦查机关的公信力受到了社会公众的质疑。冤案自古以来存在，而冤案的平反和纠正往往带有很大的偶然性和戏剧性。

因此，律师介入侦查阶段的目的，就是帮助查明案件事实，确保真相得以揭示。律师通过调查取证，可以有效地防止侦查机关在侦查阶段垄断性、专断性地对案件下结论。这种介入不仅有助于保护当事人的合法权益，而且能增强司法公正性和透明度，从而提升公众对司法系统的信任。律师的专业知识和独立地位，使得他们在侦查阶段发挥着不可或缺的作用，确保每一个案件都能得到公正的处理，避免冤假错案的发生。根据 2012 年修改的《刑事诉讼法》，律师在侦查阶段的调查取证过程中，被赋予重要的权利。具体来说，当侦查阶段结束时，律师有权提出自己的意见，并且这些意见必须被附在案件的卷宗之中。这一规定充分体现了律师在侦查阶段的重要作用和地位。律师的参与不仅仅是为了兼听则明，更是为了帮助侦查机关更全面、更准确地查清案件的事实真相。通过律师的调查取证，可以为侦查机关提供一个不同的视角，从而有助于发现那些可能被侦查机关在初步调查过程中忽视的证据和线索。

律师的参与确保了案件处理的全面性和公正性。在侦查过程中，律师可以提出自己的专业意见，对侦查机关的调查结果进行补充和完善。这种机制有助于避免侦查机关的片面判断，确保案件的每一个细节都得到充分的关注和审查。通过律师的参与，犯罪嫌疑人的合法权益得到了更好的保障，同时提高了侦查工作的透明度和公信力。律师在侦查阶段的调查取证工作，不仅有助于揭示真相，而且能够为犯罪嫌疑人提供更为有力的法律支持，确保其在法律框架内得到公正的对待。

律师凭借深厚的专业知识和丰富的实践经验，能够有效地帮助犯罪嫌疑人深入理解复杂的法律程序。律师不仅能够为犯罪嫌疑人提供专业的法律咨询，而且能在法律框架内为犯罪嫌疑人争取最大的合法权益，确保犯罪嫌疑人在整个司法过程中不受不公正对待或侵犯。此外，律师的积极参与和介入，能够显著地提高侦查工作的透明度和公正性，从而减少冤假错案发生的概率。这不仅有助于增强公众对司法系统的信任，而且能进一步地提升司法公正的形象和公信力。

因此，律师在侦查阶段扮演的角色是至关重要的。律师的专业工作不仅有助于确保法律的正确实施，而且能在维护社会公平正义方面发挥不可替代的作用。律师的存在和努力，对于构建一个公正、透明、高效的司法体系具有深远的意义。

1.3.2 实现程序性辩护

实际上，在整个诉讼过程中，最为关键的是证据问题。律师进行调查取证的最终目标是在法庭上进行有效的辩护。随着我国刑事诉讼制度的不断进步和发展，学术界提出了一种新的辩护理念，即程序性辩护。程序性辩护强调的是在刑事诉讼过程中，律师应当更加注重程序的合法性和公正性，而不仅仅是传统的实体辩护。这种新的辩护理念认为，只有在程序公正的前提下，才能确保实体公正的实现。因此，律师在进行调查取证时，不仅要关注证据的客观性与合法性，而且要关注证据的获取过程是否符合法律规定，是否存在侵犯当事人合法权益的情况。通过程序性辩护，律师可以更好地维护当事人的合法权益，确保刑事诉讼的公正性与合法性。

在这一过程中，律师需要具备敏锐的观察力和严谨的逻辑思维能力，以便在海量的信息中筛选出有价值的证据。他们需要深入研究案件的每一个细节，从不同的角度进行分析，以确保在法庭上能够有力地支持自己的辩护观点。同时，律师还需要与当事人保持密切的沟通，了解他们的需求和期望，以便更好地为他们服务。此外，律师还需要关注法律的最新动态和司法解释，以确保自己的辩护策略符合最新的法律规定。

程序性辩护的提出，不仅为律师提供了新的辩护思路，而且为刑事诉讼制度的完善提供了新的方向。通过强调程序的合法性与公正性，程序性辩护有助于提高刑事诉讼的透明度和公信力，减少冤假错案的发生。同时，程序性辩护也有助于提升律师的专业素养和职业操守，推动整个法律行业健康发展。因此，程序性辩护不仅是一种新的辩护理念，更是一种推动司法进步的重要力量。

在刑事诉讼中，辩护律师常常对侦查行为的合法性以及公诉方提供的证据是否具备证据能力持有不同的诉讼立场。他们会仔细审查侦查行为是否严格遵循了法定程序，是否侵犯了被告人的合法权益，例如是否进行了非法搜查、扣押或审讯。这种针对程序性问题进行的辩护，可以被称为“程序性辩护”。

程序性辩护的核心在于对程序正义的追求，强调法律程序的正当性与合法性。辩护律师通过这种方式，试图揭示侦查过程中可能存在的程序瑕疵或证据收集的非法性，从而削弱公诉方的证据基础，为被告人争取更有利的诉讼地位。这种辩护方式不仅关注案件的实体内容，更注重诉讼过程的合法性，力求通过程序上的挑战来影响案件的最终判决结果。

例如，在某个具体的案件中，辩护律师可能会发现公诉方提交的证据是在没有搜查证的情况下获取的，或者是在审讯过程中对被告人施加了不当压力获取的。在这种情况下，辩护律师会详细地阐述这些程序上的瑕疵，指出这些瑕疵对证据可信度的影响，并要求法庭排除这些证据。此外，程序性辩护还可能涉及对侦查人员的资质、审讯过程的合法性以及证据链的完整性等方面的审查。辩护律师会利用各种法律手段和策略，挑战公诉方的证据链条，揭示其中的薄弱环节，从而为被告人争取到更有利的判决结果。这种辩护方式在现代刑事诉讼中越来越受到重视，因为它不仅有助于保护被告人的合法权益，而且有助于提升整个司法系统的透明度和公信力。

在我国现行的法律体系中，一些资深律师指出，探讨程序性辩护似乎带有一定的理想主义色彩，甚至可能被认为是不切实际的天真想法。他们认为，在当前的司法实践中，程序性辩护往往面临着诸多挑战和困难，难以真正落实。然而，本书坚信，刑事诉讼的每一次重大变革和进步，往往都是因为我们没有放弃那些看似天真的理念。正是这些理念，推动了法律的不断完善和发展，使我们能够在司法实践中逐步得到更加公正与合理的审判结果。

回望历史，我们可以看到，许多曾经被认为是天真的理念，如今已经成为法律体系中不可或缺的一部分。例如，无罪推定原则、辩护权的保障等，这些理念在最初提出时，也曾遭到质疑和反对，但最终它们被证明是维护司法公正的重要基石。因此，尽管在当前的法律体制下，程序性辩护可能面临诸多挑战和困难，但我们仍应坚持这些理念，以期在未来实现更加完善的法律体系和更加公正的司法环境。

此外，程序性辩护的推广和实施，不仅需要法律专业人士的努力，而且需要社会各界的支持和理解。只有通过广泛的宣传和教育，让更多的人了解和认同这些理念，才能为程序性辩护的实施创造良好的社会环境。因此，我们不应轻视那些看似天真的理念，而应积极倡导和推动它们的实现，为建设更加公正和完善的法律体系贡献自己的力量。

长期以来，在我国的刑事诉讼过程中，一直存在着一个显著的问题，即过分重视案件的实体结果，而忽视了诉讼程序的重要性。这种倾向导致实践部门对程序公正的强烈反感和不满。在司法实践中，一些执法人员往往只关注案件的最终结果，而忽略了诉讼过程中应当遵循的程序规范。这种做法不仅损害了司法公正，而且容易导致冤假错案的发生，进而影响了公众对司法系统的信任。

然而，随着刑事诉讼理论和实践的不断发展，人们逐渐认识到程序正义的重要性，并开始重视程序在刑事诉讼中的地位。学术界一直在积极倡导程序正义的理念，强调程序公正对于保障人权和实现司法公正的重要性。学者通过研究和讨论，不断呼吁在刑事诉讼中加强程序规范，确保每一个环节都符合法律的要求。

在 2012 年修改的《刑事诉讼法》中，程序正义的理念得到了实质性的体现。这次修改在法律条文中明确引入了非法证据排除规则，旨在确保刑事诉讼的公正性与合法性。这一规则的引入，标志着我国刑事诉讼制度的重大进步，体现了对程序正义的重视，有助于防止司法实践中滥用权力和侵犯人权的现象。

非法证据排除规则的实施，进一步地规范了刑事诉讼的程序，确保了案件处理的公正性与合法性。这一规则要求司法机关在办案过程中必须严格遵守法律规定，不得采用非法手段获取证据，从而更好地保护了犯罪嫌疑人和被告人的合法权益。此外，这一规则的引入也促使司法人员在办案过程中更加注重程序规范，提高了司法工作的透明度和公信力。

2012 年修改的《刑事诉讼法》，不仅在法律条文中明确了程序正义的重要性，而且为司法实践提供了具体的制度保障。这一进步不仅有助于提升我国刑事诉讼的整体水平，而且为实现司法公正和维护社会公平正义奠定了坚实的基础。

在深入探讨一个刑事案件的推进过程时，我们可以清晰地观察到，侦查机关在案件侦查结束时，其主要依据和核心要素是证据。这些证据不仅是侦查机关对案件进行深入分析和判断的基础，更是他们得出结论的关键所在。侦查机关通过收集、整理和分析各种证据，逐步揭开案件的真相，确保每一个细节都经得起法律的检验。与此同时，律师在为被告辩护时，同样依赖于证据来构建其辩护策略。没有充分的证据作为支撑，任何辩护都显得苍白无力，缺乏说服力。因此，证据在刑事诉讼过程中扮演着至关重要的角色，可以说，是整个案件的核心所在。

显而易见的是，律师在侦查阶段积极进行调查取证，其主要目的是在法庭上进行有效的辩护，确保程序的合法性。通过一系列的调查取证工作，律师不仅能够发现侦查部门在取证过程中可能存在的违法行为，而且能够及时地指出并质疑这些不合法的证据。这样一来，律师便能为被告争取到更为公正的审判环境，确保法庭程序的合法性。此外，通过在侦查阶段的深入调查，律师可以为后续的法庭辩护做好充分的准备，确保在庭审过程中能够全面展示证据，有力地支持被告的辩护立场。这种细致入微的准备工作，不仅有助于揭示案件的真相，而且能在很大程度上保护被告的合法权益，确保整个刑事诉讼过程的公正性与合法性。

在侦查阶段，律师通常会与侦查机关保持密切的沟通和协作，以确保所有证据的收集和处理都符合法律规定。律师会仔细审查侦查机关提供的证据，寻找可能存在的漏洞或不一致之处。例如，律师可能会发现某些证据的采集过程不符合法定程序，或者某些证据的来源存在疑问。通过细致的调查工作，律师能够及时地指出这些问题，并要求侦查机关重新调查或补充证据，以确保案件的公正处理。

此外，律师在侦查阶段的调查取证过程中，还会与被告进行深入的交流，了解案件的详细情况和被告的立场。通过与被告的对话，律师可以更好地理解案件的背景和细节，从而制定出更为精准和有力的辩护策略。这种与被告的互动不仅有助于律师收集到更多有用的信息，而且能增强被告对律师的信任，为后续的法庭辩护打下坚实的基础。

在刑事案件的侦查阶段，律师通过积极的调查取证工作，不仅能够为被告争取到更为公正的审判环境，而且能够为后续的法庭辩护做好充分的准备。通过这一系列的努力，律师能够确保案件的每一个环节都经得起法律的检验，从而保护被告的合法权益，确保整个刑事诉讼过程的公正性与合法性。

1.3.3 促进控辩平衡

在理想的刑事诉讼结构中，控辩审三方应当形成一种等腰三角形的关系，其中裁判者位于这个三角形的顶端，而控方和辩方则分别占据三角形的两个底角。这种结构设计的初衷是确保诉讼过程的公正性和平衡性，使得各方在诉讼过程中能够平等对抗，从而达到公平审判的目的。然而，回顾我国刑事诉讼的发展历程后不难发现，现实情况与理想状态存在较大的差异。在实际操作中，控方往往处于一个较为强势的地位，而辩方则显得相对被动。律师在参与诉讼并提出辩护意见过程中，对整个诉讼进程的影响似乎并不显著。在一些侦查人员的公开言论中，他们甚至表示，即便没有律师的参与，案件的处理和推进也能够顺利进行。这种观点反映出辩方在刑事诉讼中的边缘化地位。与此同时，侦查机关在公检法体系中占据了强势地位，实际上，公安机关在很大程度上扮演着控诉机关的角色。在 2012 年修改《刑事诉讼法》前，公安机关收集的证据几乎无条件地被用于审查起诉和审判阶段，这进一步地强化了公安机关在刑事诉讼中的主导作用。这种主导作用不仅体现在证据的收集和使用上，而且体现在公安机关对案件的初步判断和处理上，使得整个刑事诉讼过程在一定程度上偏向控方，从而削弱了辩方的辩护效果和诉讼地位。

在深入探讨司法体系的运作机制时，一些人喜欢用一个生动的比喻来形象地描述公检法三机关之间的互动关系。他们将这种关系比喻为“做饭、端饭与吃饭”过程。在这个生动的比喻中，侦查机关被赋予“做饭”的角色，主要负责收集证据和进行调查工作，确保案件的证据充分且可靠。而公诉机关则承担了“端饭”的角色，他们将侦查机关准备好的案件材料整理并提交给审判机关，确保审判机关能够顺利地进行审理。最后，审判机关扮演了“吃饭”的角色，他们对公诉机关提交的案件材料进行详细的审理和判决，确保公正公平的司法裁决。

这种模式与西方国家普遍采用的“审判中心”模式形成了鲜明的对比。在西方的“审判中心”模式中，审判机关在司法程序中占据核心地位，他们对整个案件的审理和判决起着决定性的作用。而我国的司法体系则被看作典型的“侦查中心”模式。在这种模式下，侦查机关的权力相对较大，他们掌握着案件的初步调查和证据收集，对案件的走向有着重要的影响。而辩护方则在这种模式下处于相对弱势的地位，他们往往难以在侦查阶段获得足够的信息和证据，导致辩护效果受到限制。

学术界对于这种模式下辩护方的弱势地位进行了广泛而深入的讨论和研究。学者从多个角度分析了辩护方在“侦查中心”模式下的困境，探讨了如何通过制度设计和法律改革来平衡各方的权力，确保辩护方能够更好地维护当事人的合法权益。这些讨论和研究不仅有助于完善我国的司法体系，而且为司法公正和法治建设提供了重要的理论支持。

经过多年的深入讨论和细致研究，我国终于在 2012 年对《刑事诉讼法》进行了重要的修改。这次修改对辩护章节进行了大幅度的更新和完善，包括律师在侦查阶段身份的转变、律师会见制度的改进、侦查终结时律师有权提出意见等。这些修改都围绕着一个核心理念，即增强辩护方的地位和作用。特别是律师在侦查阶段的调查取证权的赋予，对于促进控辩双方的平衡、增强辩护律师的话语权具有极其重要的意义。

这次修改不仅在法律条文上进行了细致的调整，而且在实际操作层面提出了具体的要求和规范。例如，律师在侦查阶段的身份从传统的“法律帮助者”转变为“辩护人”，这一转变使得律师在刑事诉讼中的角色更加明确，其权利和义务也得到了进一步的明确和保障。此外，律师会见制度的改进，确保了律师与犯罪嫌疑人之间的沟通更加顺畅，避免了不必要的干扰和限制，从而保障了犯罪嫌疑人的合法权益。

在侦查终结时，律师有权提出意见，这一规定进一步地强化了辩护方在刑事诉讼中的地位。律师可以就案件的事实和法律问题提出自己的见解和建议，这不仅有助于法官全面了解案件情况，而且有助于提高司法的公正性和透明度。更为重要的是，这次修改赋予律师在侦查阶段的调查取证权，这意味着律师可以更加主动地参与到案件的调查过程中，收集有利于辩护的证据，从而在一定程度上平衡了控辩双方的力量对比。

总的来说，2012 年《刑事诉讼法》的修改，不仅在法律条文上进行了大幅度的更新和完善，更在实际操作层面提出了具体的要求和规范。这些修改的核心理念是增强辩护方的地位和作用，特别是通过赋予律师在侦查阶段的调查取证权，促进了控辩双方的平衡，增强了辩护律师的话语权，从而在整体上提升了刑事诉讼的公正性和效率。

与律师调查取证权密切相关的另一个重要制度是非法证据排除规则。这一规则在刑事诉讼中扮演着至关重要的角色，确保了司法公正和程序合法性。在侦查阶段，律师可以通过积极参与程序、进行深入调查和详细了解，掌握侦查机关在程序上不合法的线索。这些线索在审判阶段可以被用来排除非法证据，从而削弱控方的指控力度。非法证据排除规则的实施，为辩护方提供了一种强有力的手段，有助于实现辩护职能，对增强辩护方的影响力和削弱控诉方的指控具有良好的效果。这一规则的存在，不仅保障了被告人的合法权益，而且确保了司法程序的公正性与合法性，使得整个刑事诉讼过程更加透明和可信。通过排除非法证据，法庭能够更加专注于合法、有效的证据，从而作出更加公正的判决。非法证据排除规则的实施，不仅提升了辩护方的地位，而且平衡了控辩双方的力量，使得刑事诉讼更加公平与合理。

在实际操作中，律师会利用各种手段来发现侦查机关在程序上的瑕疵。例如，律师可能会审查侦查机关的搜查是否合法，询问未成年人证人是否在有法定代理人在场的情况下被讯问，或者检查是否有过度使用武力的情况发生。这些细节的调查有助于揭示潜在的非法证据，为辩护方在法庭上提供有力的辩护依据。非法证据排除规则的实施，使得律师在刑事诉讼中的角色更加重要，他们不仅是被告人的代表，更是确保司法公正的守护者。通过这一规则，律师能够有效地挑战控方的证据，保护被告人的合法权益，确保每一个案件都能在公平、公正的环境下得到审理。

1.3.4 监督侦查

所谓监督，从字面上来理解，就是对某一特定环节、过程进行监视、督促和管理。具体来说，监督涉及对相关活动的密切关注，确保其按照既定的规则和标准进行，并在发现问题时及时采取措施纠正。那么，侦查监督究竟是什么意思呢？简单来说，侦查监督是指对侦查机关在刑事侦查过程中进行的监督活动。

众所周知，我国的人民检察院是法定的监督机关，根据《刑事诉讼法》的规定，人民检察院有权对公安机关的侦查活动进行监督。这种监督涵盖了立案监督、侦查行为监督、强制措施监督等各个方面。立案监督是指人民检察院对公安机关是否依法立案进行监督，确保所有应当立案的案件都能得到及时处理。侦查行为监督是指对公安机关在侦查过程中采取的各种措施和手段进行监督，确保其合法、合规。强制措施监督关注公安机关在侦查过程中采取的强制措施，如拘留、逮捕等，确保其符合法律规定，防止滥用权力。

人民检察院在发现公安机关的侦查行为存在不当之处时，有权发出通知要求其进行改正。这种改正通知是一种正式的法律文书，具有法律效力，公安机关必须依法予以执行。此外，在必要时，人民检察院可以要求公安机关撤销案件。这意味着，如果公安机关的侦查行为严重违法或者案件本身不具备立案条件，人民检察院有权要求公安机关停止侦查活动，撤销已经立案的案件，以维护法律的严肃性和公正性。通过这种监督机制，人民检察院确保了侦查活动的合法性和有效性，保障了犯罪嫌疑人的合法权益，同时维护了社会的公平正义。

那么，本书要探讨和阐述的律师监督究竟是一种怎样的监督形式呢？律师监督实际上是指律师在刑事诉讼过程中，依据现行的法律规定，对侦查机关、检察机关以及法院进行的各项诉讼活动进行严格的监督。这种监督的目的是使整个诉讼活动的合法性和公正性得到充分的保障。具体来说，律师监督不仅仅局限于对侦查活动的监督，还包括对审判活动的监督，以及对执行活动的监督。律师作为具备深厚法律专业知识和实践经验的法律工作者，他们的监督具有极高的专业性和独立性。通过这种专业的监督，律师能够有效地维护当事人的合法权益，防止任何可能的司法不公现象发生，从而在很大程度上促进司法公正的实现。

在此，进一步地探讨律师监督的具体内容和意义。律师在刑事诉讼过程中扮演着多重角色，他们不仅是当事人的代理人，更是司法公正的捍卫者。律师通过审查证据的合法性、参与法庭辩论、提出法律意见等方式，确保每一项诉讼活动都在法律框架内进行。例如，在侦查阶段，律师可以监督警方是否依法收集证据，是否存在侵犯人权的行为；在审判阶段，律师可以对法庭程序的合法性进行审查，确保审判的公正性；在执行阶段，律师可以监督判决的正确执行，防止执行过程中的任意性和不公。通过这些细致入微的监督工作，律师不仅保障了当事人的合法权益，而且提升了整个司法系统的公信力和效率。

此外，律师监督还具有重要的社会意义。在一个法治社会中，律师的监督作用不仅限于个案，更是对整个司法体系的监督和促进。律师通过专业视角，能够发现并指出司法实践中存在的问题和不足，推动司法改革，提高司法透明度。同时，律师的监督也能够增强公众对司法公正的信心，减少社会矛盾和冲突，维护社会的和谐稳定。因此，律师监督不仅是法律赋予律师的职责，更是法治社会不可或缺的重要组成部分。

在当前的诉讼模式中，本书持如下观点：人民检察院对侦查活动的监督作用是有限的。从本质上看，检察院和侦查机关都主要承担着控诉的职能。在法庭上，检察院对被告人的控诉在很大程度上依赖于侦查阶段由侦查机关收集的证据。

具体来说，在司法实践中，检察院虽然在法律上被赋予监督侦查活动的职责，但在实际操作中，这种监督往往显得力不从心。一方面，检察院和侦查机关在本质上都肩负着控诉的职责，这意味着他们在追求案件真相和维护法律公正方面有着共同的目标。然而，由于检察院在法庭上的控诉工作在很大程度上依赖于侦查机关在侦查阶段收集的证据，这使得检察院在监督过程中可能会受到一定的制约。另一方面，侦查机关在侦查过程中拥有较大的自主权，这在一定程度上限制了检察院的监督范围和深度。侦查机关在收集证据、调查案件过程中，可能会出现一些程序上的瑕疵或疏漏，但由于检察院在证据获取方面对侦查机关的依赖性，其在监督过程中难以发挥应有的作用。因此，可以预见的是，检察院对侦查阶段的监督效果并不会特别显著，其监督能力在实际操作中可能会受到一定的限制。

总的来说，尽管检察院在法律上被赋予监督侦查活动的职责，但在实际操作中，由于其与侦查机关在控诉职能上的共同性以及侦查机关在侦查过程中的自主权，因此检察院在监督侦查活动方面的作用显得相对有限。这种现状在一定程度上影响了司法公正的实现，值得我们进一步地思考和改进。

与此形成鲜明对比的是律师在司法体系中扮演的监督角色。律师与警察这两种截然不同的职业之间存在着一种天然的对抗性。实际上，只有来自对立面的监督才能产生真正有力的效果。有人曾经形象地将警察和律师比作“天敌”，这种比喻在刑事诉讼中尤为贴切。在司法实践中，刑事诉讼中的控辩对抗实质上是检察院代表警察与律师之间的对抗。在这一过程中，公安机关作为国家暴力机器的一部分，有时会以律师干扰证人作证为由来限制律师的活动，从而控制律师。而在律师方面，由于缺乏与公安机关抗衡的实力，律师往往处于被动的地位。

律师在刑事诉讼中的角色至关重要，他们不仅要为被告人提供法律援助，而且要确保司法公正和程序的合法性。律师的存在，使得控方的权力受到制约，防止了滥用职权和冤假错案的发生。因此，律师与警察之间的这种天然对抗性，实际上是一种必要的平衡机制，确保了司法体系的健康运作。律师在法庭上的辩护，往往需要深入挖掘案件的每一个细节，寻找可能被忽视的证据，以保护被告人的合法权益。他们不仅要面对来自控方的压力，而且要应对公众舆论的质疑，甚至有时会受到来自公安机关的不公正对待。然而，正是这种艰难的处境，使得律师的工作显得尤为珍贵和不可或缺。

在司法体系中，律师与警察之间的对抗并非简单的敌对关系，而是一种法律框架内的制衡机制。律师通过专业知识和辩护技巧，确保了被告人的权利不被侵犯，同时为司法公正提供了有力的保障。这种制衡机制的存在，使得司法体系更加完善，避免了权力的滥用，确保了每一个案件都能在公正、公平的环境下得到审理。因此，律师与警察之间的天然对抗性，实际上是司法体系中不可或缺的一部分，它体现了法治精神的核心价值。

因此，在这种情况下，作为唯一能够维护犯罪嫌疑人合法权益的律师，要实现有效的辩护任务，无疑是一项极其艰巨的挑战。律师不仅要面对复杂的法律条文和程序，而且要在司法体系中为犯罪嫌疑人争取应有的权利。2012 年，我国的《刑事诉讼法》经历了一次重大的修改，许多人开始满怀希望，认为律师终于能够在这一法律舞台上充分地展示专业技能和才华。这是因为在这次修改中，律师在侦查阶段的角色发生了根本性的转变。律师不再仅仅是提供法律咨询的法律顾问，而转变成真正的辩护人，拥有了调查取证的权利。这一变化具有深远的意义，因为它意味着律师现在可以对公安机关收集的证据进行全面的审查，并且有权提出排除非法证据的请求。

在2012年《刑事诉讼法》修改之前，律师在刑事诉讼中的作用往往受到诸多限制，他们很难在侦查阶段发挥应有的作用。然而，随着《刑事诉讼法》的修改，律师的地位得到了显著提升。律师不仅可以在侦查阶段介入案件，而且可以在审查起诉阶段和审判阶段为犯罪嫌疑人提供全面的法律支持。律师现在可以更深入地了解案件的细节，与公安机关进行有效的沟通和交涉，确保犯罪嫌疑人的合法权益得到充分的保护。

因此，2012年《刑事诉讼法》的修改不仅为律师提供了更多的权利和机会，而且为犯罪嫌疑人带来了更多的希望。律师现在可以更加积极地参与到刑事诉讼的各个阶段，通过他们的专业知识和技能，为犯罪嫌疑人争取到公正的审判。这不仅有助于提高司法公正的水平，而且有助于增强公众对司法体系的信任和信心。这次《刑事诉讼法》的修改，无疑是我国法治进程中的一大进步，为律师和犯罪嫌疑人带来了新的机遇和挑战。

在著者看来，这实际上是对侦查过程的一种监督机制。律师通过深入细致的调查取证工作，积极地收集所有必要的证据材料，这些材料不仅包括书面文件，而且可能涉及证人证言、物证、电子数据等形式。在这一过程中，律师的专业技能和经验显得尤为重要，他们需要具备敏锐的洞察力和严谨的逻辑思维，以确保收集到的证据能够真实、全面地反映案件事实。随后，律师会根据这些证据材料，对侦查终结提出自己的专业意见。这些意见会被详细地记录在案卷中，形成书面文件，确保侦查工作的透明度和公正性。

与非法证据排除规则相互呼应，律师的意见在侦查阶段起到了关键的监督作用。非法证据排除规则旨在确保侦查过程中获取的证据合法、合规，防止滥用权力和侵犯人权。律师的意见能够为这一程序提供有力的支持，确保侦查机关在收集和使用证据时严格遵守法律规定。通过这种方式，律师对侦查工作的监督不仅限于形式上的参与，更深入到实质性的审查和制约中，从而对侦查工作形成了有力的监督。

尽管在我国，律师在侦查阶段享有的权利与国外一些国家的律师相比还有所不足，例如，我国律师尚不具备在场权，无法充分地参与侦查阶段的案件处理，但是，随着调查取证权的逐步获得，律师对侦查的监督力度无疑比以往任何时候都要大。这一变化不仅体现了我国刑事诉讼制度的进步，而且反映了法治建设的深化。律师作为法律职业的重要一员，其在侦查阶段的参与和监督，有助于提高司法的公正性和透明度，增强人民群众对司法体系的信任。

这无疑是我国刑事诉讼制度发展和进步的最好证明。随着法治理念的深入人心和司法改革的不断推进，律师在侦查阶段的作用将会越来越重要。通过律师的有效监督，侦查工作将更加规范，司法公正将得到更好的保障，从而为构建一个公平、正义的法治社会奠定坚实的基础。

在我国的司法实践中，一种引人深思的现象是，律师在侦查阶段很少主动进行调查取证工作。这一现象的形成，与我国2012年《刑事诉讼法》修改前的法律规定有着密切的联系。在2012年《刑事诉讼法》修改前，律师在侦查阶段并不具备辩护人的法律地位，这导致在实际操作中，律师很少在这一阶段主动进行调查取证。此外，根据《刑事诉讼法》的规定，证明犯罪嫌疑人或被告人有罪的责任主要由检察院承担，律师在刑事诉讼中并不承担举证责任。法律还明确规定，整个案件的证据收集工作主要由侦查机关负责。律师在侦查阶段的调查取证活动有时会被侦查机关视为妨碍取证，从而可能面临被追究责任的风险。鉴于这些原因，我们不禁要问，在当前的司法环境下，律师在侦查阶段进行调查取证是否有必要性与合理性？这是一个值得深思的问题。一方面，律师在侦查阶段的调查取证工作可以为犯罪嫌疑人或被告人提供更多的法律保障，有助于维护他们的合法权益。另一方面，律师在侦查阶段的调查取证工作也可以为检察院的举证工作提供有力的支持，有助于提高刑事诉讼的效率和公正性。因此，尽管存在一些困难和风险，律师在侦查阶段进行调查取证仍然具有必要性与合理性。关键在于如何在法律框架内，平衡律师的调查取证工作与侦查机关的取证工作，确保刑事诉讼的公正性和效率。

然而，随着公民法律意识的日益增强以及法治社会建设的不断推进，律师在侦查阶段的角色和作用逐渐得到了广泛的关注和重视。越来越多的律师开始尝试在侦查阶段介入案件，为犯罪嫌疑人提供专业的法律咨询，帮助他们充分地了解自己的合法权益和权利。此外，律师还会在必要时进行初步的调查取证工作，以确保犯罪嫌疑人的合法权益不受侵犯。这种做法不仅有助于平衡控辩双方的力量，而且能确保侦查过程的公正性与合法性。

与此同时，律师在侦查阶段的介入也对侦查机关的取证工作提出了更高的要求。侦查机关必须更加严格地遵守法律程序，确保取证工作的合法性和公正性，以应对律师的监督和挑战。这种相互制约和监督的机制，有助于提高整个司法系统的透明度和公信力。

尽管在实际操作中存在种种困难和挑战，律师在侦查阶段的调查取证活动仍然具有独特的价值和意义。这些活动不仅有助于揭示案件的真相，而且能为犯罪嫌疑人提供更为公平的法律保障。因此，有必要进一步地探讨和实践律师在侦查阶段的作用，以推动法治社会的不断完善和发展。

在这一过程中，律师的专业素养和责任心显得尤为重要。律师不仅要具备扎实的法律知识，而且要具备敏锐的洞察力和严谨的逻辑思维能力，以便在侦查阶段发现可能被忽视的证据和细节。律师的介入不仅能够为犯罪嫌疑人提供有力的法律支持，而且能够在一定程度上减少冤假错案的发生，维护司法公正。

此外，律师在侦查阶段的积极参与，也能够促进侦查机关提高工作效率和质量。面对律师的质疑和监督，侦查人员会更加注重证据的合法性和可靠性，避免采取非法手段获取证据，从而确保整个侦查过程的合法性和公正性。这种良性互动不仅有助于提升司法系统的公信力，而且能增强公众对法治社会的信心。

因此，尽管律师在侦查阶段的介入面临着诸多挑战和困难，但其独特的价值和意义不容忽视。通过进一步的探讨和实践，我们可以不断地完善律师在侦查阶段的作用，推动法治社会的不断进步和发展。

在侦查阶段，律师进行调查取证显得尤为重要。首先，我们应当抓住我国修改《刑事诉讼法》的契机，进一步地强化律师在刑事诉讼中的地位和作用。切实将“尊重和保障人权”这一重要原则贯彻在刑事诉讼活动中，为律师在侦查阶段开展调查取证工作提供了前所未有的机遇。这一修改不仅体现了法治进步的精神，而且为律师在侦查阶段的工作提供了更为坚实的法律基础。律师可以借此机会，更加积极地介入案件，通过深入调查，收集关键证据，为犯罪嫌疑人提供更为有力的辩护。其次，刑事诉讼过程本质上是证据收集、审查和运用的过程。在法庭上，没有确凿的证据支持，任何口头陈述都显得苍白无力。因此，律师要想在刑事诉讼中发挥应有的作用，就必须积极地进行调查取证工作。这不仅包括对现有证据的审查，而且包括对潜在证据的挖掘和搜集。律师需要运用专业知识和技能，通过各种合法手段，确保所有有利于当事人的证据都能被充分地展示和利用。最后，随着法治的不断完善和进步，律师执业风险已经大大地降低。如今，律师被侦查机关随意采取强制措施的情况已经变得极为罕见。这为律师在侦查阶段开展调查取证工作提供了更为安全的环境。律师可以更加自信地行使自己的职责，不必担心因为正常执业行为而受到不公正的对待。法律的保护和司法机关的尊重，使得律师能够在侦查阶段更加专注于案件本身，为当事人争取到应有的权益。

然而，尽管律师在侦查阶段的作用日益凸显，但在实际操作中仍面临诸多挑战。首先，侦查阶段的证据往往涉及敏感信息，律师在获取这些信息时可能会受到限制。尽管法律赋予律师调查取证的权利，但在实际操作中，侦查机关可能出于案件保密的考虑，对律师的取证活动设置障碍。其次，律师在侦查阶段的调查取证能力也受到自身资源和经验的限制。虽然律师执业风险降低，但取证过程中的法律风险依然存在，律师需要具备高度的专业知识和丰富的实践经验才能有效应对。最后，律师调查取证的效率和质量也受到司法体系整体环境的影响。尽管法治在进步，但司法体系的完善是一个长期的过程，律师在侦查阶段的工作效率和取证质量仍然需要依赖于整个司法体系的支持和配合。

律师在侦查阶段进行调查取证的活动具有极其重要的意义，并且是完全必要的。在国际上，许多法治发达的国家已经将律师在侦查阶段的调查取证工作纳入常规的法律程序。考虑到我国目前法治化建设的水平和实际需要，律师在侦查阶段开展调查取证工作同样显得尤为关键，这对于确保案件的公正处理和维护当事人的合法权益具有不可忽视的作用。

律师在侦查阶段的参与，不仅有助于保障犯罪嫌疑人的合法权益，而且能提高司法效率和公正性。通过律师的调查取证，可以更准确地还原案件事实，避免冤假错案的发生。此外，律师的介入有助于平衡控辩双方的力量，使犯罪嫌疑人能够得到更加公正的对待。在我国，随着法治建设的不断深入，律师在侦查阶段的作用将越来越被重视。我们应进一步地完善相关法律法规，为律师在侦查阶段的调查取证提供更加坚实的法律保障，确保律师能够充分地发挥专业优势，为维护司法公正和法治进步作出更大的贡献。

在当前我国法治建设不断深化的背景下，律师在侦查阶段的调查取证显得尤为重要。这不仅体现了对犯罪嫌疑人权利的尊重和保护，而且是推进司法透明和法治进步的重要举措。因此，应当进一步地完善相关法律法规，明确律师在侦查阶段的权利和义务，为律师开展调查取证工作提供更加坚实的法律保障。

2 侦查阶段律师调查取证权的域外考察

2.1 大陆法系国家侦查阶段律师调查取证权考察

2.1.1 德国的侦查阶段律师调查取证权考察

从诉讼构造的角度来分析，德国可以被归类为职权主义国家。在这样的司法体系下，对于刑事案件的侦查以及证据的收集工作，其权力是专门赋予国家机关的。这种做法确保了国家在司法过程中的主导作用。在控辩双方的力量对比中，可以明显地看出控方占据了优势地位。然而，尽管控方在司法程序中拥有较大的权力，德国却非常注重人权的保障。德国的人权意识非常强，即便在刑事诉讼中，也始终致力于保护被告人的基本权利和自由，确保司法公正和人权的平衡。德国《刑事诉讼法》第一百三十六条第一款规定："初次讯问开始时，要告诉被指控人所被指控的行为和可能适用的处罚规定。接着应当告诉他，依法他有就指控进行陈述或者对案件不予陈述的权利，并有权随时地，包括讯问之前，与由他自己选任的辩护人协商。此外，对他应当告知可以申请收集一些对自己有利的证据。"[23]德国《刑事诉讼法》第一百三十七条第一款规定："犯罪嫌疑人在诉讼的任何阶段都有权聘请辩护人。"在刑事诉讼中的任何阶段，犯罪嫌疑人都有沉默权。在律师的权利方面，德国《刑事诉讼法》中没有直接明确地规定辩护律师的调查取证权，但是辩护律师为了维护犯罪嫌疑人的权利，可以调查勘验犯罪现场；可以寻找证人；制定私人鉴定报告；可以探访、请求犯罪嫌疑人的亲友行使拒绝作证权来维护犯罪嫌疑人的利益，可以分发犯罪嫌疑人的回忆笔录或者法官的询问笔录；或者把犯罪嫌疑人的陈述告诉另一个共同犯罪嫌疑人的辩护人。在律师会见方面，除了恐怖案件，律师享有充分的会见权；在阅卷方面，德国的辩护人在侦查阶段享有有限的阅卷权，这取决于犯罪嫌疑人是否处于临时性羁押状态，为了不影响侦查的进行，如果犯罪嫌疑人处于临时性羁押状态，那么辩护律师的阅卷权就不受限制，即可以查看物证和卷宗，在侦查终结后，可以随时查阅询问笔录等证据材料[24]。

当深入探讨调查取证的强制力时，可以发现，在德国，律师在侦查阶段并不具备强制性地收集证据的权力。这一点与我国的法律体系有着相似之处。在德国，律师虽然没有直接的强制取证权，但他们拥有向检察官或法官提出证据收集申请的权利。这种机制允许律师在侦查过程中通过正式的法律途径来请求收集相关的证据。然而，在实际操作中，由于受到成本和资源的限制，律师在侦查阶段主动收集证据的积极性通常并不高。这可能是因为律师需要权衡收集证据的成本与潜在的案件价值，以及考虑到证据收集的难度和复杂性。因此，尽管法律赋予律师这样的权利，但在实际操作中，这一权利的行使频率并不高，这与我国律师在侦查阶段取证的实际情况有着一定的共通性。

2.1.2 法国的侦查阶段律师调查取证权考察

在封建时期的法国，司法体系中实行的是一种被称为纠问式诉讼的制度，这种制度的特点是法官主动调查和审理案件，而被告人的辩护权利受到极大的限制。在这种制度下，被告人往往没有足够的机会来陈述自己的辩护理由，法官的权力非常集中，这导致司法过程中的不公正现象较为普遍。直到资产阶级革命的浪潮席卷而来，法国社会发生了深刻的变革，这才为真正意义上的辩护制度的建立和发展奠定了基础。资产阶级革命倡导自由、平等、博爱的理念，强调个人权利的保护，这促使了法律体系的改革，使得辩护制度得以确立，并逐渐完善。在新的制度下，被告人拥有了更多的权利，包括聘请律师为自己辩护，以及在法庭上充分地表达自己的观点和证据，从而确保了司法过程的公正性和透明度。

在传统法律观念里，法国学界通常认为，律师开展调查取证工作更多是英美法系国家的法律实践方式。因此，在法国《刑事诉讼法典》中，并没有明确地规定律师具有调查取证的权利，尤其是在侦查阶段，律师的调查取证权并没有得到法律的明确支持。然而，一些法国学者持有不同的观点，他们认为，律师调查取证的权利属于私权范畴，既然法律没有明确禁止，那么应当视为自由。基于这样的理解，律师在实践中可以聘请私家侦探进行调查取证工作。此外，律师与犯罪嫌疑人的会见是律师行使调查取证权利的重要保障。通过会见，律师能够直接地了解嫌疑人是否遭受了权利的剥夺，同时能掌握一些犯罪嫌疑人可能不愿意向警方透露的案件细节。在1993年前，法国法律没有赋予律师在侦查阶段会见嫌疑人的权利；直到2000年，律师从拘留一开始就可以会见嫌疑人，这一变革的主要原因是《欧洲人权公约》的相关规定。作为缔约国，法国需要履行相应义务，促使法律改革以符合国际标准，保障被拘留人获得律师帮助的权利。

法国《刑事诉讼法》第六十三条规定："自拘留开始，当事人即可以请求与其律师交谈。如受到拘留的人不能指定律师或者无法联系其选定的律师，可以请求由律师公会会长依职权为其指派一名律师。"律师和嫌疑人谈话结束以后，律师可以提出书面意见，此意见附于诉讼卷宗。在阅卷方面，法国律师享有与我国律师不同的权利，法国律师有权向办案机关及办案人员查阅与案卷有关的材料，法国《刑事诉讼法典》第一百一十四条第二款规定："每次在讯问受审查人之前，或者在听取当事人陈述之后，最迟4个工作日，即应将案卷提交律师查用。"由此可见，法国的律师在侦查阶段的作用是很大的，在充分享有会见权的基础上，还可以查阅侦查阶段的案件材料。在法国，律师有权参加审前预审法官主持的讯问、听证和对质活动并发表意见。如此，律师可以对证据进行质证。

经过深入的分析和研究，我们可以清晰地看到，在大陆法系框架下，德国和法国在侦查阶段关于律师调查取证的规定具有相当的相似性。尽管德国和法国的法律条文中并没有明确赋予律师在侦查阶段全面的调查取证权，但同样也没有明文禁止律师进行调查取证活动。在实际操作中，律师不仅可以在会见犯罪嫌疑人、查阅案件材料时进行调查取证，而且可以向相关的司法机关提出申请，请求他们协助进行必要的调查取证工作。

2.2 英美法系国家侦查阶段律师调查取证权考察

2.2.1 英国的侦查阶段律师调查取证权考察

为了深入地理解英国律师在侦查阶段拥有的调查取证权，首先需要对英国的诉讼制度和辩护制度有一个基本的了解。在任何国家，律师参与诉讼活动的主要目标都是保护犯罪嫌疑人的合法权益。在这一过程中，律师进行调查取证的主要目的是在法庭上进行有效的辩护。在维护犯罪嫌疑人的人权方面，英国表现出特别的重视。回顾刑事诉讼的历史发展可以发现，犯罪嫌疑人的沉默权起源于英国。在会见犯罪嫌疑人方面，英国的律师享有广泛的权利，这为他们提供了与当事人沟通的充分机会。除此之外，通过证据开示制度，律师能够获取控方掌握的所有相关证据，这为辩护工作提供了重要的信息支持。那么，关于律师调查取证权，英国法律有没有明文的法律规定呢？尽管在立法层面上，辩护律师并没有被赋予具体的权利去积极寻找证据、调查事实真相或者直接询问证人，但是基于控辩双方的平衡原则，律师为了维护犯罪嫌疑人的合法权益，实际上是有权进行调查取证的。在实际操作过程中，英国的律师在侦查阶段的调查取证活动是受到一定限制的。具体来说，辩护律师并没有强制力去迫使证人必须向他提供证据；同时，由于缺乏足够的经济实力，律师也难以独立承担调查取证的费用。然而，律师仍然可以采取一些措施，比如向法庭提出申请，请求警察或相关执法机构调查案件的真实情况，以确保辩护方能够获得必要的证据来支持其辩护策略。

2.2.2 美国的侦查阶段律师调查取证权考察

在著者看来，美国的律师在进行调查取证时享有的权利是相当完备的。根据无罪推定原则以及不得强迫自证其罪的法律原则，美国律师在接触和接近犯罪嫌疑人方面几乎没有任何限制。不仅如此，美国律师还拥有其他国家律师不具备的特殊权利，其中之一是在场权。这种在场权包括在辨认过程中律师的在场权以及在讯问过程中律师的在场权。然而，值得注意的是，在侦查阶段，律师并不享有辨认过程中的在场权。至于讯问过程中的律师在场权，即当警察对犯罪嫌疑人进行讯问之前或讯问过程中，如果犯罪嫌疑人提出希望会见律师的要求，那么警察必须立即停止讯问。在整个讯问过程中，辩护律师有权在场。这种权利得到了证据排除规则的保护。本书认为，律师在场权实际上也是律师调查取证权的一种体现。根据米兰达规则，如果嫌疑人的供述是在律师不在场的情况下作出的，那么这些供述不能作为法庭上的证据使用。因此，律师在场可以有效地收集到证据，确保了调查取证的合法性和有效性。例如，如果犯罪嫌疑人在没有律师在场的情况下提供了某些口供，那么在证据展示阶段，律师便可以利用这些情况来指出控方展示的证据中哪些是不合法的，并且要求排除这些不合法的证据材料。

具体来说，在美国的司法体系中，律师在侦查阶段扮演着至关重要的角色。律师不仅有权为了收集有利于其委托人的证据而对证人进行询问，而且可以使用各种工具来记录这些询问过程，比如使用录音笔或者笔记本详细记录下证人的陈述。此外，律师还可以聘请私家侦探来帮助收集更多相关的证据，这些证据可能包括对犯罪现场进行仔细的勘验和调查。在必要时，律师还可以申请鉴定人对案件中某些特定的情况进行专业的鉴定分析，以确保所有证据的准确性和可靠性。为了防止证据在后续程序中遭到破坏或丢失，律师还可以向法院申请采取证据保全措施，确保这些关键证据能够被妥善保存，直至案件审理结束。

在对英国和美国的法律体系进行深入的考察和比较之后，我们可以清晰地观察到，美国的律师在调查取证方面拥有比英国更为充分的权利。在美国，律师在刑事诉讼中享有较为广泛的权利和较大的自由度。这主要体现在以下三个方面。

（1）侦查讯问阶段。美国律师有权在侦查讯问过程中在场。根据美国宪法第五修正案和第六修正案的相关规定，犯罪嫌疑人在被讯问时有权获得律师的帮助。律师在场可以确保犯罪嫌疑人的权利不被侵犯，同时有助于监督侦查机关的讯问行为，防止刑讯逼供等非法行为的发生。

（2）证据收集阶段。美国律师可以广泛地使用发现程序（discovery）。发现程序允许律师在案件审理前向对方当事人或第三方获取与案件相关的证据和信息。这种程序为律师提供了充分的调查取证机会，有助于律师全面了解案件事实，为庭审做好充分准备。

（3）法庭辩论阶段。美国律师在法庭辩论中享有较大的发言权。他们可以自由地与陪审团沟通，提出各种法律论点和证据。这种辩论方式有助于律师充分地展示案件事实和法律观点，争取陪审团的支持，从而更好地维护当事人的合法权益。

与美国相比，英国律师在刑事诉讼中的权利和自由度受到更多的限制，主要体现在以下三个方面。

（1）侦查讯问阶段。虽然英国律师在侦查讯问过程中也享有在场权，但其行使受到一定的限制。例如，律师在讯问过程中可能需要遵守更多的程序性规定，其在场的作用更多地是为犯罪嫌疑人提供法律咨询和监督讯问行为的合法性，而不能像美国律师那样在讯问过程中发挥更积极的主导作用。

（2）证据收集阶段。英国律师在证据收集方面的自由度相对较低。英国的证据收集主要依赖于侦查机关的调查，律师的调查取证权受到一定的限制。例如，律师在获取证据时需要遵循严格的程序和规则，不能像美国律师那样通过发现程序广泛地获取证据。

（3）法庭辩论阶段。英国律师在法庭辩论中的角色相对保守。英国的法庭辩论更多地依赖于法官的引导，律师的发言受到一定的限制。法官在庭审过程中对证据的采纳和法律的适用具有较大的裁决权，律师的辩论更多地是围绕法官关注的问题展开，而不是像美国律师那样可以自由地与陪审团沟通和辩论。

英国和美国律师在刑事诉讼中的权利和自由度存在显著的差异，这主要是由英国和美国不同的法律体系和司法理念决定的。

其一，法律体系差异。美国采用对抗制（adversarial system），强调当事人双方的对抗和辩论。律师在诉讼中扮演积极主动的角色，通过对抗式的辩论和证据展示来推动案件的解决。这种制度设计旨在通过双方的充分对抗来揭示案件真相，保障当事人的合法权益。英国采用调查制（inquisitorial system），更注重法官对案件的调查和裁决。律师在诉讼中的角色相对被动，主要依赖于法官的引导和裁决。这种制度设计强调法官对案件的全面调查和公正裁决，以确保司法的权威性和公正性。

其二，司法理念差异。美国的司法理念更强调个人权利的保护和程序正义。律师在诉讼中的广泛权利和自由度是为了保障犯罪嫌疑人和被告人的合法权益，防止司法权力的滥用。这种理念认为，只有通过充分保障当事人的权利，才能实现司法的公正和公平。英国的司法理念更注重司法的权威性和效率。律师在诉讼中的角色相对保守，主要是为了确保法官能够高效地进行案件调查和裁决。这种理念认为，法官的专业性和权威性是实现司法公正的关键，律师的角色应更多地服务于法官的调查和裁决。

英国和美国律师在刑事诉讼中的权利和自由度的差异，对司法公正和效率产生了不同的影响。

在司法公正方面，美国的对抗制和律师的广泛权利有助于充分揭示案件事实，保障当事人的合法权益。律师通过积极的调查取证和辩论，可以更好地维护当事人的利益，防止司法不公。然而，这种制度也可能导致诉讼过程复杂化，增加司法成本。英国的调查制和律师的相对保守角色更注重法官对案件的全面调查和公正裁决。法官的专业性和权威性有助于确保司法的公正性，避免由律师的过度干预导致司法不公。然而，这种制度也可能导致律师的作用受到一定的限制，当事人的权利保障不够充分。

在司法效率方面，美国的对抗制和律师的广泛权利可能导致诉讼过程较为漫长，司法效率相对较低。律师的积极调查取证和辩论可能会增加案件的复杂性，延长诉讼时间。然而，这种制度也有助于提高司法的透明度和公正性，从长远来看，有利于司法公信力的提升。英国的调查制和律师的相对保守角色有助于提高司法效率。法官对案件的全面调查和裁决可以减少诉讼过程中不必要的程序和环节，缩短诉讼时间。然而，这种制度也可能导致司法透明度不足，当事人的参与度较低。

英国和美国律师在刑事诉讼中的权利和自由度存在显著的差异，这些差异反映了英国和美国不同的法律体系和司法理念。美国的对抗制和律师的广泛权利有助于充分揭示案件事实，保障当事人的合法权益，但可能导致诉讼过程复杂化，增加司法成本。英国的调查制和律师的相对保守角色更注重法官对案件的全面调查和公正裁决，有助于提高司法效率，但可能导致律师的作用受到一定的限制，当事人的权利保障不够充分。

2.3 两大法系国家侦查阶段律师调查取证权比较考察

在对德国、法国、美国、英国的律师在侦查阶段的调查取证权进行初步的考察和研究之后，我们可以清晰地总结出这些国家律师在这一阶段拥有的调查取证权的相似之处以及存在的差异。通过深入的比较分析，我们不仅能够更好地理解这些不同法系国家律师在侦查阶段调查取证的具体做法和特点，而且这种跨国界的比较研究也有助于我们从全球的视角来审视和认识我国律师在侦查阶段调查取证的现状和面临的挑战。这样的分析和比较，无疑将为我们提供宝贵的经验和启示，进而推动我国律师制度的进一步完善和发展。在先前的分析中，我们可以清晰地看到，无论是遵循大陆法系的国家还是遵循英美法系的国家，在侦查阶段，律师进行调查取证的行为都并没有被明文禁止。然而，与国家设立的专门调查机关相比，律师在调查取证方面拥有的权利范围是相对有限的，他们能够使用的手段也受到一定的限制，因此，他们在整个侦查过程中的作用也显得相对有限。此外，律师并不具备国家机关拥有的强制调查手段。尽管如此，两大法系国家在律师调查取证的积极程度以及权利范围方面存在明显的差异。具体来说，英美法系国家的律师在调查取证方面的积极性通常要高于大陆法系国家的律师。同时，英美法系国家的律师在调查取证方面的权利范围也比大陆法系国家的律师更为宽广。那么，究竟是什么原因导致这种差异呢？本书认为，应当从以下三个方面进行深入的思考。

首先，我们必须认识到，在不同的法律体系中，诉讼模式存在着明显的不同。在大陆法系国家，诉讼过程通常采取的是职权主义模式，这种模式强调法官在诉讼过程中的主导作用。法官不仅负责审理案件，而且承担着调查证据、询问证人等职责，以确保案件的公正处理。而在英美法系国家，诉讼模式普遍采用的是当事人主义模式。在这种模式下，法官的角色更多是作为中立的裁判者，主要负责判断证据的可接受性和法律的适用，而证据的收集和案件的推进则主要由诉讼双方当事人负责。在大陆法系国家处理犯罪案件时，国家机关被赋予重要的责任，他们需要依照职权主动追究犯罪、控制犯罪行为，以确保社会秩序和安全。这种做法体现了大陆法系国家对于国家机关在维护法律秩序方面的重要作用，以及对社会整体利益的重视。在对比分析中，我们可以观察到，与大陆法系国家相比，英美法系国家在司法体系中更加重视人权的保障。这些国家特别强调在诉讼的整个过程中，必须保护当事人的合法权益，尤其是对于犯罪嫌疑人或被告人，他们的权利得到了特别的关注和强调。在英美法系国家采用的当事人主义模式中，无罪推定原则是一个核心的法律理念，它要求在没有充分证据证明一个人有罪之前，这个人应当被视为无罪。因此，犯罪嫌疑人或被告人被赋予积极的防御和控诉的权利，他们可以主动地参与到诉讼中，为自己辩护。

在这样的司法模式下，律师的角色变得至关重要。特别是在犯罪调查和证据收集过程中，律师的作用不容忽视。律师不仅在侦查阶段就积极参与调查取证工作，而且他们的积极性和参与度通常要高于职权主义国家的律师。在英美法系国家，律师不仅仅是为犯罪嫌疑人提供法律咨询，他们还深入地介入调查过程，确保其客户的权利得到充分的尊重和保护。这种介入不仅限于法庭辩论，还包括在调查阶段对证据的收集和分析，以及对可能侵犯客户权利的行为提出异议和挑战。通过这样的方式，律师帮助确保了司法程序的公正性和透明度，同时保障了犯罪嫌疑人或被告人的基本人权。

其次，辩护的焦点存在显著的差异。在大陆法系和英美法系中，律师在侦查阶段进行调查取证的核心目的是一致的，即都是辩护，尽可能地保护犯罪嫌疑人的合法权益。然而，为何在调查取证的范围、手段以及律师调查的积极性方面会存在明显的不同呢？从本书的视角来看，导致这一现象的根本原因在于两大法系国家在辩护焦点上的显著差异。具体来说，在英美法系国家，律师在辩护时往往将重点放在案件的事实层面。在这些国家，职权主义模式并不意味着对案件事实的调查是国家专门机关的独占权力。因此，在英美法系国家，私家侦探机构能够根据当事人的委托以及辩护律师的要求进行案件的调查工作。相对的，在大陆法系国家，在职权主义模式下，对案件真实情况的调查几乎完全由国家专门机关垄断。这导致辩护人在辩护手段上显得较为单一，因此辩护的焦点往往倾向于法律的适用性。即便法律并未明确禁止律师在侦查阶段进行调查取证，律师在实际操作中，由于受到传统观念或现实条件的限制，他们在调查取证的范围和手段上都受到了一定的制约。此外，英国律师在调查取证方面的积极性受到多种因素的综合影响，并非普遍不积极。例如，律师在调查取证过程中可能面临诸多限制和挑战，如调查手段的有限性、经济成本的考量以及与侦查机关的利益冲突等。这些因素在一定程度上影响了律师调查取证的积极性，但并不意味着律师普遍缺乏积极性。同时，律师在调查取证方面的表现与辩护焦点的法律适用倾向之间并无直接的因果关系，辩护焦点更多地取决于案件的具体情况和法律策略的选择。

最后，我们可以发现，审判结果受到的影响在不同法系国家中是有区别的。在英美法系国家，法院对案件的处理方式建立在庭审阶段控辩双方提出的证据以及双方进行的辩论和交叉询问基础之上。这种模式强调了证据的直接呈现和口头辩论的重要性，使得庭审过程成为决定案件结果的关键环节。而在大陆法系国家，审判过程则更多地依赖于书面材料和法官的调查，法官在庭审中扮演着更为积极的角色，他们不仅听取双方的陈述，而且会主动提出问题，引导案件的调查方向。这种差异反映了两大法系在司法理念和程序上的根本区别，英美法系更倾向于对抗制的审判模式，而大陆法系则更侧重于法官主导的调查和审理。在英美法系特定的法律运作模式中，律师的角色显得尤为关键和重要。律师通过在法庭上进行有力的辩论以及通过呈现确凿的证据，对案件的最终判决结果产生了直接且显著的影响。律师的专业能力和表现往往能够左右案件的走向，甚至在某些情况下，能够决定被告的命运。而在采用大陆法系的国家，法官在作出最终判决时，往往更多地依赖于国家专门机关在侦查阶段收集和整理的证据。这些证据经过严格的程序和标准，被认为是客观和权威的。因此，在这样的法律体系框架内，律师对于最终判决结果所能施加的影响是相对有限的。尽管如此，律师在为当事人提供法律咨询、维护其合法权益以及在法庭上进行辩护等方面，仍然扮演着不可或缺的角色。因此，律师在进行调查取证工作时，他们的策略和方法会表现出明显的不同。这种差异不仅表现在律师关注的工作重点上，而且体现在他们与法官、检察官以及其他法律界的专业人士进行互动的方式上。律师必须适应这种体系，调整他们的工作方法，以确保在有限的影响力下，尽可能有效地为客户提供法律服务。

2.4 混合模式下侦查阶段律师调查取证权考察

日本和意大利在法律传统上主要归属于大陆法系，这一法系以成文法为基础，强调法律的系统性和逻辑性。然而，它们在法律体系的构建和发展过程中，并没有完全局限于大陆法系的框架，而是展现出开放性和包容性。具体来说，日本和意大利在法律实践中也吸收并融合了英美法系的一些特点，尤其是判例法的应用。这种融合体现了两大法系的混合，即大陆法系的系统性和英美法系的灵活性相结合，使得日本和意大利的法律体系更加丰富和多元化。因此，在日本和意大利的刑事诉讼中，侦查阶段律师调查取证的方式和特点呈现出一些新的变化。在当前的国际法律框架和司法实践中，律师在侦查阶段的作用和职责显得尤为重要。在此背景下，本书将深入探讨和分析日本和意大利的律师在侦查阶段进行调查取证的具体操作方法及其表现出的独特特点。通过对比研究，我们可以更好地理解不同法律体系下律师职能的差异，以及这些差异对案件处理和司法公正可能产生的影响。

2.4.1　日本侦查阶段律师调查取证权考察

首先，我们深入地探讨日本侦查阶段律师与犯罪嫌疑人的会见权问题。会见权作为律师调查取证权的一个关键组成部分，扮演着至关重要的角色。它是律师进行调查取证工作的基础，因为通过与犯罪嫌疑人的直接交流，律师能够获取第一手的信息和证据。这种会见不仅有助于律师了解案件的具体情况，而且对于制定后续调查取证的策略和计划具有不可估量的价值。因此，确保律师在侦查阶段能够无障碍地会见犯罪嫌疑人，对于维护犯罪嫌疑人的合法权益以及实现司法公正具有极其重要的意义。日本《刑事诉讼法》第三十九条明确规定，任何身体受到拘束的嫌疑人，都有权在没有其他见证人在场的情况下，与自己的辩护律师或者潜在的辩护律师进行会见和沟通。这一规定体现了对嫌疑人合法权益的保护，确保他们能够在法律框架内获得必要的法律援助和咨询。然而，鉴于侦查活动的特殊性和敏感性，法律也规定了一些例外情况。在某些特定情形下，如果嫌疑人的会见行为被认为可能妨碍正在进行的侦查工作，例如当嫌疑人正在接受实地调查，且这种调查可能会因为会见而受到干扰或影响时，侦查机关有权对会见的时间、地点以及日期进行特别指定。这样的措施旨在平衡嫌疑人的会见权和侦查工作的需要，确保司法程序的公正性和效率。

在进一步地探讨调查取证的方法时，我们可以看到日本的律师在侦查阶段采取了多种途径来确保对案件的全面了解和对证据的充分收集。首先，律师可以自行取证，这意味着辩护律师亲自出面，直接向可能掌握案件信息的个人或单位进行调查。在这一过程中，为了确保能够准确地掌握案件的实际情况，辩护律师会采取各种手段来固定证据。这些手段包括但不限于进行录音、制作笔录以及进行现场勘查等，以确保证据的完整性和可靠性。其次，当辩护律师在自行取证过程中遇到难以克服的困难或障碍时，他们可以依据日本《刑事诉讼法》第一百七十九条的规定，向司法机关申请保全证据。由于辩护律师本身并不具备强制性的调查取证权，因此，这一法律条款为他们提供了一种法律途径，以确保在侦查阶段能够有效地保护和保存那些对犯罪嫌疑人有利的证据材料。通过这些方法，日本的律师能够在侦查阶段为犯罪嫌疑人提供更为有力的辩护准备。

日本的律师在侦查机关对犯罪嫌疑人进行询问以及执行扣押和搜查行动时，并不被承认拥有在场的权利，这导致律师无法直接参与侦查过程以收集必要的证据。进一步地，由于日本《刑事诉讼法》中实行了所谓起诉状一本主义，这意味着检察官仅向辩护律师公开部分证据材料，在侦查阶段，律师无法通过查阅案件卷宗来开展调查和取证工作。这种做法在一定程度上限制了律师在刑事诉讼中为嫌疑人辩护的能力。

2.4.2 意大利侦查阶段律师调查取证权考察

长期以来，在意大利，案件调查期间的证据收集权主要掌握在专门的追诉机关手中。在司法实践中，意大利的辩护律师通常很少参与审前的证据调查活动。事实上，在意大利境内，不存在专门的私人侦探所，这进一步地限制了辩护律师在证据收集方面的能力。由于缺乏独立的调查手段，法官对于辩护律师调取的证据往往持有怀疑态度，这在一定程度上影响了辩护方在法庭上的辩护效果。为了打破当前司法实践中存在的困境，并且进一步地扩大辩护律师在收集证据方面的权利，从而加强犯罪嫌疑人或被告人的权益保护，意大利政府在2000年针对律师调查取证权进行了重要的改革。根据新规定，辩护律师在司法程序的任何阶段，无论是侦查阶段、审判阶段还是上诉阶段，都拥有了更加广泛的调查取证权利。这项改革显著地提升了辩护方在刑事诉讼中的地位，确保了诉讼双方的平衡，有助于实现更加公正的司法裁决。

在探讨辩护律师在侦查阶段的具体权利时，首先，需要明确的是，律师拥有自行调查取证的权利。这一权利允许律师在初步侦查阶段积极地收集与案件相关的信息，包括那些与被指控罪行直接相关的信息。与其他国家的做法不同，意大利的律师可以将这一调查取证的权利委托给其他律师来执行。在这种情况下，被委托的律师有权与证人进行不需书面记录的对话。此外，律师还可以针对特定问题向证人提问。如果证人愿意配合，律师可以制作笔录，并要求证人在笔录上签名。然而，这种调查活动必须遵守一定的限制，即不得涉及那些在庭审证据调查中已经完成调查的证人，也不得对法官依职权调查的新证人进行调查。其次，律师在侦查阶段可以申请证据保全。这一点与日本的做法相似，体现了对证据保护的共同重视。最后，意大利的律师在侦查阶段享有广泛的在场权。这意味着辩护律师有权参与他们认为对辩护有利的官方侦查行为，例如搜查等。此外，有些侦查取证活动要求辩护律师必须在场，尤其是在紧急情况下立即实施询问时，律师必须被通知并到场参与。

根据意大利《刑事诉讼法》第一百零四条的规定，在会见和阅卷方面，被逮捕和拘留的犯罪嫌疑人被赋予立即与辩护人进行会见的权利。这一规定确保了犯罪嫌疑人在司法程序的早期阶段就能获得法律代表的支持和帮助。此外，在侦查阶段，意大利的辩护律师被授予重要的阅卷权，这意味着他们有权查阅与案件相关的所有文件和证据。对于那些在侦查过程中没有律师在场的活动，法律进一步地规定，司法警察必须在侦查活动结束后三个工作日内，将相关的笔录和其他记录存放在检察官的文书室中。随后，在接下来的五个工作日内，辩护律师有权前往查阅或复制这些材料。这样的安排旨在保障律师能够及时且有效地获取所有必要的信息和证据，从而为犯罪嫌疑人提供充分的法律辩护，确保司法程序的公正性和透明度。

在深入研究了混合模式的代表国家意大利和日本的律师在侦查阶段的调查取证权之后，为了更全面地理解这种模式，本书尝试从不同的视角进行总结。这是因为，在一个国家的刑事诉讼活动中采用的任何具体制度，都深刻地反映了该国刑事诉讼的独特特色。对于意大利而言，其刑事诉讼制度在历史上受到罗马法的深远影响；而日本则在明治维新之后，主要借鉴了以法国和德国为代表的大陆法系国家的刑事诉讼制度，特别是在第二次世界大战后，日本的刑事诉讼体系大量地吸收了以英美法系为代表的当事人主义诉讼的元素，从而形成了具有自身特色的混合模式。在 1988 年之前，意大利的司法体系遵循的是职权主义模式。在这种模式下，法官在刑事诉讼中扮演着主导角色，负责调查和收集证据。然而，自 1988 年起，意大利对《刑事诉讼法》进行了重大的修改，这一改革是意大利刑事诉讼体系的一个重要转折点。新的法律框架对从侦查到审判的整个司法流程进行了全面的革新，特别是在律师调查取证方面，开始强调控辩双方在证据调查过程中的积极作用。这一变化不仅体现了对诉讼程序中权力分配的重新考量，而且反映了对诉讼价值和目的的深刻理解。通过这样的改革，意大利试图建立一个更加平衡和公正的刑事诉讼体系，确保控辩双方都有机会充分地展示和验证证据，从而达到更加公正的审判结果。

2.5 各国侦查阶段律师调查取证权的共性

在深入研究和比较了英国、美国、法国、德国、日本、意大利这六个国家在侦查阶段律师调查取证权的法律实践之后，本书注意到这些国家在某些关键方面展现出相似之处。这些相似之处不仅揭示了不同法系之间在处理侦查阶段律师调查取证问题时的共同理念，而且对于我国在侦查阶段律师调查取证权的研究和实践具有重要的启示作用。通过对比分析，我们可以更好地理解各国法律制度的异同，从而为我国相关法律制度的完善提供借鉴和参考。

首先，我们应当认识到，在世界各国的刑事诉讼体系中，侦查阶段的律师调查权实际上是律师辩护权在侦查阶段的自然延伸。这种权利的延伸确保了律师能够在案件的早期阶段开始为当事人提供法律服务和保护。在任何国家的刑事诉讼过程中，即便没有明确地划分出不同的诉讼阶段，案件的处理流程通常都会遵循一个基本的顺序，这个顺序包括发现案件、调查案件、提起公诉以及最终的审判等关键环节。律师调查取证权作为律师辩护权的一个关键组成部分，其起源和形成最初都是与审判阶段紧密相关的。在刑事诉讼的发展历程中，早期的诉讼活动几乎完全集中在审判阶段，这是因为审判被视为整个诉讼过程的核心和焦点。在司法诉讼过程中，律师作为辩护人的角色通常被限制在审判阶段，这意味着在案件的审前阶段，律师并没有权利介入其中。然而，随着刑事诉讼制度的演进以及人权意识的不断提升，人们开始越来越关注国家公权力在刑事诉讼过程中可能对犯罪嫌疑人的基本权利造成的潜在损害，尤其是在审前程序中。在法国，这种纠问式诉讼的典型代表国家之一，随着民主思想的深入人心，律师的角色逐渐扩展到审前程序中。而在美国，作为全球律师辩护制度最为发达的国家之一，律师在调查取证方面的权利也经历了从审判阶段向侦查阶段的转变。那么，为何在不同国家的侦查阶段，律师调查取证的做法会呈现出如此相似的趋势呢？本书认为，这种现象的出现实际上反映了各国对于无罪推定原则和人权保障原则的共同追求和具体实践。

其次，我们可以观察到，在不同国家的侦查阶段，律师调查取证权的范围实际上都经历了一个逐步扩大的过程。在大多数国家，律师在侦查阶段的调查取证权最初都是从会见开始的，这意味着犯罪嫌疑人在被拘留或逮捕的时候都享有与辩护律师会面的权利。随着时间的推移，随着对诉讼程序认识的深入发展，律师在侦查阶段调查取证的范围也得到了进一步的扩张和拓展。例如，律师在阅卷方面的权利得到了增强，他们现在可以更广泛地查阅与案件相关的资料。此外，律师在场的权利也得到了确认，这确保了在某些关键的侦查程序中，律师可以亲自在场监督，以保护犯罪嫌疑人的合法权益。不仅如此，律师还获得了申请调查取证的权利，这使得他们能够主动地向有关机关提出调查取证的请求，以收集对嫌疑人有利的证据。这些变化都体现了对犯罪嫌疑人权利保护的加强，以及对公正司法原则的不断追求。随着各国对国际诉讼标准的广泛认同，侦查阶段律师调查取证权的扩大已成为刑事司法改革的重要趋势，这一变化对实现控辩平衡具有深远意义。在过去，律师在侦查阶段的作用相对有限，主要通过会见犯罪嫌疑人收集一些基本证据，难以在案件早期阶段发挥更积极的作用。然而，随着世界刑事诉讼法的不断发展和进步，律师在侦查阶段的调查取证权利逐渐扩大，其作用也日益凸显。

这种变化不仅有助于确保犯罪嫌疑人的合法权益，还对提高整个司法系统的公正性和效率具有重要意义。具体而言，律师在侦查阶段的积极参与能够平衡控方的强大权力，避免侦查过程中的权力滥用，从而更好地维护犯罪嫌疑人的权利。同时，通过律师的调查取证，可以更全面地收集证据，有助于发现案件事实真相，提高司法公正性。此外，律师在侦查阶段的介入还可以促进案件的高效处理，减少由证据不足或程序问题导致的诉讼拖延，从而提升司法效率。

最后，我们可以看到，在全球范围内，各国都对侦查阶段律师的调查取证权给予了相应的保障。具体来说，对于国家专门的调查机关，法律赋予他们在调查取证过程中一定的强制力，这意味着任何单位和个人都必须依法履行配合义务，协助案件侦查机关进行证据的收集工作。然而，对于律师这一职业群体，在侦查阶段是否也享有法律直接规定的调查取证权呢？这是一个值得深入探讨的问题。对于国家机关来说，必须拥有法律的明确授权才能行使特定的权力，这是法治原则的基本要求。然而，对于律师而言，在侦查阶段进行调查取证属于其私权利的范畴，这种权利在本质上是自由的，不应受到不必要的限制。那么，如何确保在侦查阶段律师的调查取证权得到充分的保障呢？本书认为，一种有效的做法是尽量减少对律师调查取证活动的限制。此外，在审判阶段，对律师在侦查阶段收集的证据材料予以采纳，这本身就是对律师调查取证权的一种重要保障。具体来说，在举证责任的分配、证据展示的程序以及非法证据排除的规则方面，对控方施加适当的限制，实际上也是间接地保护了律师在侦查阶段进行调查取证的权利。

2.6 各国侦查阶段律师调查取证权的认知误区

前文对两大诉讼模式下的典型代表国家侦查阶段的律师调查取证权进行了考察，比较了不同国家刑事诉讼法的共性。事实上，按照“职权主义”“当事人主义”“混合模式”区分的分析方法，都带有某种意识形态的方法，学界对此进行了一些批判，提出了一些认知上的误区。

侦查阶段的律师调查取证在很大程度上受到诸如诉讼价值、诉讼目的以及诉讼构造等影响。本土实践可以形象地反映各国刑事司法的状况，尤其是诉讼权利结构与职权配置，律师调查取证权来源于被告人的辩护权，其背后的深层目的依然没有突破既有的基于诉讼模式的分析框架。

事实上，无论是基于职权主义模式还是当事人主义模式抑或是混合模式下的律师调查取证权，都面临多方面的追问与质疑。有些是方法论上的，有些是直指背后的学理，例如与当事人主义国家相比，职权主义国家是否更重打击轻保护，从而更加忽视侦查阶段的律师介入进行调查取证？即便是同一诉讼模式下的律师调查取证，有时候差异大于共性，比如英国与美国的差异。律师在场权的范围，美国律师在侦查阶段的在场权更广泛。美国律师在调查取证中享有更高的自主性，由于美国法律未明确限制律师的调查权，实践中律师可依据“公民可为法律未禁止之事”原则，通过自行调查、委托专家等方式广泛收集证据。而英国律师更依赖法庭程序，例如需申请法院传票或通知以获取特定证据，尤其在涉及敏感或高风险证据时。美国司法体系更强调控辩双方的对抗性，律师倾向于通过积极取证削弱控方证据；英国虽然同属对抗制，但是受到“司法节制”传统影响，律师更注重通过法庭程序而非自行调查获取证据，有学者指出：“在《欧洲人权公约》和欧洲人权法院的影响下，英国当代刑事诉讼的诸多理念及制度设计可能在很大程度上更趋同于欧陆刑事诉讼”[25]。

此外，传统职权主义国家的刑事诉讼在经过多年的发展后，也明显地分化，德国、法国、意大利等代表性国家的刑事诉讼在制度技术上有很大的区别。欧陆学界对英美刑事诉讼制度的评价较为友好，也引入了辩诉交易以及陪审团来弥补自身机制的不足，但两种诉讼模式之间的误解却是客观存在的，比如，传统职权主义国家德国、法国眼中的当事人主义便是将严肃的法庭审批当作竞技场，赋予律师太多的调取证据的权利，因此庭审带有太多的偶然性与戏剧性。而当事人主义国家眼中的职权主义是刑讯逼供、超期羁押、律师地位低下、辩护权孱弱的代名词，因此律师调查取证相应地受到限制。

这种相互否定的评价强化了对立，在一定程度上加大了彼此的误解，不利于甚至会误导彼此的发展与借鉴。对于中国的律师调查取证研究来说，更是如此，这在相当程度上会误导我国刑事诉讼中律师调查取证制度的改革。因此，需要对我国刑事诉讼中侦查阶段律师调查取证的情况进行准确的判断。

3 我国侦查阶段律师调查取证权的立法现状及实践评估

3.1 我国侦查阶段律师调查取证权的确立

3.1.1 我国侦查阶段律师调查取证权确立的背景

在深入研究和分析了域外律师在侦查阶段的调查取证活动之后，呈现出世界刑事诉讼制度发展的普遍趋势。作为律师辩护制度中一个不可或缺的部分，我国在侦查阶段律师调查取证的权利，同样也是伴随着律师辩护制度整体进步而逐步发展和完善的。2012 年 3 月 14 日，第十一届全国人民代表大会第五次会议通过了《关于修改〈中华人民共和国刑事诉讼法〉的决定》。这次《刑事诉讼法》修改对律师辩护制度进行了广泛的调整和更新，这标志着我国刑事诉讼发展史上一次划时代的进步。这次意义深远的修改是经过了长期的努力和不懈的追求才得以实现的，它体现了对人权保障意识的深入贯彻和实践，同时意味着国家权力在刑事诉讼领域中的重新配置和平衡。2012 年修改的《刑事诉讼法》首先赋予律师在侦查阶段辩护人的地位，这是律师进行调查取证工作的根本保障。这一改变结束了我国律师在侦查阶段长期存在的尴尬地位。众所周知，刑事诉讼是指人民法院、人民检察院、公安机关在当事人和诉讼参与人的参与下，依照法律规定，处理被追诉人刑事责任的法律程序。正如古语所言：名不正则言不顺。因此，确立了侦查阶段律师辩护人的身份，作为承担辩护职能的关键诉讼参与人，律师拥有了依法享有权利和承担义务的合法资格。律师调查取证权是律师在参与诉讼过程中最为关键的一项权利，尤其在侦查阶段，律师的调查取证权显得尤为重要。我们应当积极倡导并确保人权得到充分的尊重和保护，特别是要保障犯罪嫌疑人的合法权益。如果在侦查阶段，律师不被赋予辩护人的身份，或者他们没有权利进行调查取证，无法收集到关键的证据，那么在所有案件中，事实的认定都依赖于证据的刑事诉讼体系下，犯罪嫌疑人的权益如何才能得到有效的保障呢？

3.1.2 侦查阶段律师调查取证权的立法规定

在深入探讨和分析侦查阶段律师调查取证权的立法规定之前，本书认为，有必要强调和阐明对于侦查阶段律师调查取证权这一核心议题的理解和观点。因为只有当我们清晰地界定了研究题目的概念内容和范畴，才能够更加精准和有效地展开后续的论述和分析工作。本书所指的侦查阶段的律师调查权，实际上是指一个更为广泛的概念，它涵盖了多种不同的权利和能力。这些权利和能力共同构成了律师在侦查阶段进行调查取证的完整权利体系。具体来说，这包括自行调查权，这意味着辩护律师在得到证人或者其他单位和个人的同意之后，可以主动向他们收集相关的证据材料；会见权，即律师在侦查阶段有权会见犯罪嫌疑人，通过这种会见来收集必要的证据；阅卷权，即律师可以查阅与案件相关的各种文件和资料，以获取对案件有帮助的信息；在场权，指的是律师有权在某些关键的侦查程序中在场，以确保程序的合法性和公正性；申请调查取证权，即律师可以向有关机关提出申请，要求其进行特定的调查取证工作，以支持辩护方的立场。

首先，从会见方面来看我国侦查阶段律师调查取证的法律规定。根据我国1979年制定的《刑事诉讼法》相关规定，律师在审判阶段才能参与到刑事诉讼活动中，因此，在那个时期，根本不存在侦查阶段的律师调查取证一说。然而，随着法律体系的不断完善和司法实践的深入发展，在2012年我国对《刑事诉讼法》的修改中，在法律层面上，首次明确了律师在侦查阶段的会见权和阅卷权，从而为律师在侦查阶段进行调查取证提供了法律依据和操作空间。修改后的法律允许律师在侦查阶段会见犯罪嫌疑人，并且可以向侦查机关了解犯罪嫌疑人涉嫌的罪名，以及可以查阅、摘抄、复制与案件有关的诉讼文书和技术性鉴定材料。这些规定在一定程度上保障了犯罪嫌疑人的合法权益，同时加强了律师在刑事诉讼中的作用，使得律师能够在侦查阶段为犯罪嫌疑人提供法律帮助和辩护准备。在1996年我国对《刑事诉讼法》进行修改过程中，特别关注并修改了与律师会见相关的法条。1996年《刑事诉讼法》的修改，涉及律师会见的法条主要有两条，分别是第三十六条和第九十六条。根据第三十六条的规定，辩护律师从人民检察院开始对案件进行审查起诉的那一刻起，就拥有了与被羁押的犯罪嫌疑人进行会见和通信的权利。而第九十六条则规定，在犯罪嫌疑人首次被侦查机关讯问之后，或者自采取强制措施之日起，他们有权聘请律师来提供法律咨询、代理申诉和控告。在这种情况下，受委托的律师同样可以会见在押的犯罪嫌疑人。不过，侦查机关有权根据案件的具体情况和需要，决定是否派遣人员在会见过程中在场。

通过仔细研究法条内容，可以清晰地观察到，在1996年修改的《刑事诉讼法》中，第三十六条和第九十六条关于律师会见的相关规定存在明显的差异。本书经过深入分析后认为，这两条规定的实质内容并未真正触及侦查阶段律师调查取证权的核心问题。实际上，1996年修改的《刑事诉讼法》对律师会见的条款进行了调整，这些调整体现在两个不同的法条中。如果从诉讼阶段的角度审视可以发现，这两次会见分别发生在不同的阶段：一次是在审查起诉阶段，另一次是在侦查阶段。进一步地，从律师所扮演的角色来看，审查起诉阶段的会见是律师以辩护人的身份进行的，而侦查阶段的会见则是律师以法律帮助者的身份参与的。这种区分对于理解律师在不同诉讼阶段的权利和职责具有重要意义。因此，从审查起诉开始，律师的会见显然不包含在本书所讨论的侦查阶段律师调查取证的权利之内。那么，关于侦查阶段的会见，情况又是怎样的呢？

在侦查阶段，律师与犯罪嫌疑人的会见是至关重要的，它不仅关系到犯罪嫌疑人的合法权益，而且影响着案件的公正处理。会见权是律师在侦查阶段进行调查取证的基础，它确保了律师能够及时地了解案件情况，为犯罪嫌疑人提供法律咨询和帮助。在会见过程中，律师可以向犯罪嫌疑人了解与案件相关的信息，评估案件的证据情况，为后续的辩护工作打下基础。此外，会见权还有助于防止侦查机关的不当行为，保障犯罪嫌疑人的基本人权。因此，侦查阶段的会见权是律师调查取证权的重要组成部分，对于维护司法公正和保护犯罪嫌疑人的合法权益具有不可替代的作用。

在著者看来，以上提及的律师调查取证并不属于侦查阶段的范畴。根据

1996 年修改的《刑事诉讼法》，律师在侦查阶段的职能主要集中在提供法律咨询、代理申诉和控告、申请取保候审、了解罪名以及会见犯罪嫌疑人等方面。律师的调查取证权在当时主要被限定在审查起诉和审判阶段。所谓律师调查取证，实际上是指基于辩护需求，以辩护人的身份进行的证据收集活动。在 1996 年修改的《刑事诉讼法》中，律师在侦查阶段并不具备辩护人的身份，他们参与诉讼的主要目的是向犯罪嫌疑人提供必要的法律援助。然而，2012 年修改的《刑事诉讼法》第三十七条明确指出，辩护律师有权与被羁押的犯罪嫌疑人进行会见和通信。此外，其第三十三条规定，犯罪嫌疑人从被侦查机关首次讯问或采取强制措施之日起，有权委托辩护人。基于这些新的法律规定，本书认为，2012 年修改的《刑事诉讼法》赋予律师的会见权，实际上标志着侦查阶段律师调查取证权的真正确立。

在进一步地探讨我国《刑事诉讼法》的改革与发展时，我们不得不关注侦查阶段律师自行调查取证权的确立问题。在 2012 年我国修改《刑事诉讼法》前，我国的律师在侦查阶段并没有被赋予辩护人的法律地位，这直接导致律师在这一阶段缺乏进行调查取证的法定资格。1996 年修改的《刑事诉讼法》第三十七条明确指出，律师在得到证人或其他相关单位和个人的同意后，有权收集与案件相关的材料。这一规定在本书看来，实际上为律师自行调查取证提供了法律依据。然而，随着 2012 年我国修改《刑事诉讼法》，律师在侦查阶段的辩护人身份得到了明确的确立，这使得律师能够以辩护人的身份行使自行调查取证的权利。2012 年修改的《刑事诉讼法》第四十条规定，辩护人如果收集到犯罪嫌疑人不在犯罪现场、未达到刑事责任年龄、属于依法不负刑事责任的精神病人的证据，应当及时告知公安机关和人民检察院。此外，其第四十一条规定，律师在得到证人或其他有关单位和个人同意后，可以向他们收集与案件有关的材料。这两条法律条文共同构成了侦查阶段律师自行调查取证的法律框架。

其次，深入探讨关于阅卷权和在场权的相关规定。通过前文对域外律师在侦查阶段的调查取证权的考察部分已经了解到，在法国和德国，律师在侦查阶段是被允许查阅案件材料的。这是因为这些国家的法律体系允许律师在侦查阶段阅卷，以便更好地为当事人提供法律服务。而在英美国家，由于存在证据开示制度，律师在侦查阶段并不需要直接查阅案件材料，因为相关的证据信息会在后续的法律程序中向律师公开。至于在场权，我们可以看到，在大陆法系国家，律师在侦查阶段的在场权是受到严格限制的。相反，英美法系国家则明确规定了律师在侦查阶段拥有在场权，以确保律师能够实时监督侦查活动，保护当事人的合法权益。那么，我国在这两方面的立法规定又是怎样的呢？根据我国 1979 年制定的《刑事诉讼法》以及 1996 年修改的《刑事诉讼法》第三十六条的规定，律师在侦查阶段并未被赋予阅卷及调查取证的权利。然而，从 2012 年修改的《刑事诉讼法》的相关规定来看，虽然在阅卷方面有所改进，但律师在侦查阶段依然没有通过阅卷调查取证的权利。这种限制主要是基于我国侦查程序的保密性，侦查是一个需要保持一定秘密性的程序，因此对律师阅卷进行了必要的限制。至于律师在场权，目前我国《刑事诉讼法》并没有明确规定。本书认为，随着我国法律体系的不断完善和发展，律师在场权的明确规定将会成为我国律师调查取证权完善和发展的趋势之一。

最后，在侦查阶段律师调查取证的权利中，申请调查取证权是一个重要的组成部分。在国际上，无论是英美法系国家还是大陆法系国家，律师在侦查阶段都拥有申请调查取证的权利。然而，在我国，尽管有关律师申请调查取证的立法规定是存在的，但对于律师在侦查阶段是否真正拥有申请调查取证的权利，目前还没有形成一个明确的共识。2012 年修改的我国《刑事诉讼法》第四十一条明确指出，辩护律师在得到证人或其他相关单位和个人同意后，有权向他们收集与案件相关的材料，并且可以向人民检察院或人民法院申请收集和调取证据。此外，《最高人民法院关于适用〈中华人民共和国刑事诉讼法〉的解释》第五十条规定，如果辩护律师提出申请，希望向被害人及其近亲属、被害人提供的证人收集与案件相关的材料，人民法院在认为确有必要的情况下，应当签发准许调查书。那么，如何正确理解这两条法律条文中的申请调取证据的含义呢？在侦查阶段，律师是否真的可以行使这一权利？

在 2012 年我国修改《刑事诉讼法》前，我国法律体系中已经存在关于申请调查取证的相关规定。在那个时期，无论是理论界还是实务界，普遍的观点是律师只有在案件被移送至审查起诉阶段之后，才有权利向人民法院或者检察院提出调取证据的申请。然而，本书持有不同的看法。从 2012 年修改的《刑事诉讼法》中可以明确地看到，在侦查阶段，律师实际上已经具备了申请调查取证的权利。其一，法律条文明确指出，辩护律师有权申请调查取证，而侦查阶段的律师无疑属于辩护律师的范畴，因此，他们当然拥有申请的权利。其二，法律并没有对申请调查取证的时间段进行明确的限制，根据私权自由的原则，没有限制意味着自由。因此，在2012年修改的《刑事诉讼法》中，基于侦查阶段律师已经具备了辩护人的身份，他们被赋予申请调取证据的权利。当然，这种权利并非无限制，律师可以申请检察院或者法院向证人或者相关单位调取证据。在向法院提出申请时，如果人民法院认为有必要，应当签发准许调查书。至于其他方面，例如申请勘验、申请鉴定、申请辨认等，鉴于我国《刑事诉讼法》的逐步发展和完善，以及当前刑事诉讼的发展状况，这些方面仍需经过进一步的研究和探讨，才能得出最终的结论。

综合上述分析，可以清晰地看到，在侦查阶段，对于律师进行调查取证的权利，法律是有明确规定的。特别是到了2012年，随着《刑事诉讼法》的修改，我国正式确立了侦查阶段律师调查取证的法律地位，这标志着一个全新的发展时期的开始。根据新的法律规定，侦查阶段的律师不仅有权自行向有关证人或者单位收集证据，而且可以主动申请调取证据。此外，律师还可以通过与犯罪嫌疑人的会见来获取相关的证据，这一系列的法律措施极大地增强了律师在侦查阶段的调查取证能力，为保障犯罪嫌疑人的合法权益提供了更为坚实的法律基础。

3.1.3　侦查阶段律师调查取证权的立法不足

第一，立法的明确性不足是一个显著问题。特别是在侦查阶段，关于律师调查取证权的规定存在诸多不明确和模糊之处。从控诉和辩护的视角来看，侦查机关在收集证据过程中，其主要目的是查明案情，为控诉方提供充分的准备。与此同时，律师在调查取证方面的工作，虽然主要是为了辩护方的利益，但同样也承担着查明案件真实情况的重要职责。然而，在我国《刑事诉讼法》中，尽管在侦查和证据两章中，从内容、手段、方法、范围等方面对侦查机关的调查取证活动进行了详细的规定，但对于侦查阶段律师调查取证的规定却显得不够明确，缺乏必要的细节和清晰的指导。

具体表现如下。首先，没有明确规定侦查阶段律师调查取证的概念，这一点在法律上显得尤为关键。从我国1979年制定的《刑事诉讼法》第九章“其他规定”中可以看到，对“侦查”一词的概念界定是“指公安机关、人民检察院在办理案件过程中，依照法律进行的专门调查工作和有关的强制性措施”。然而，随着我国刑事诉讼的不断发展，从最初对辩护制度的忽视到辩护制度的逐步完善，从过去重打击轻保障到如今的惩罚犯罪与保障人权并重，我们已经进入了一个全新的发展时期。在这种背景下，侦查阶段律师调查权的确立无疑成为刑事诉讼发展的一个重大成果。然而，为什么这样重要的权利在法律中却没有得到明确的定义呢？我们的法律在这一问题上似乎采取了回避的态度。其次，侦查阶段律师能否向被害人或者近亲属、被害人提供的证人收集证据的规定不够确定。2012 年修改的《刑事诉讼法》第四十一条虽然提到辩护律师经人民检察院或法院许可，并且经被害人或者近亲属、被害人提供的证人同意，可以向他们收集与本案有关的材料，但是并没有明确指出侦查阶段的辩护律师是否能够行使此项调查取证权。再次，没有明确调查取证的范围。在侦查阶段，律师在调查取证，侦查机关也在调查取证，那么它们之间有没有范围的限制？法律只是笼统地规定辩护律师收集有利于犯罪嫌疑人的证据材料，但是侦查机关也收集犯罪嫌疑人无罪或罪轻的证据材料，它们之间如何协调？《刑事诉讼法》都没有作出明确的规定。最后，没有明确规定调查取证的具体手段和程序。《刑事诉讼法》对侦查机关规定了一系列的调查手段，但是没有明确律师调查取证的手段。那么，律师到底有哪些手段？程序如何进行？例如，律师在询问证人时能否录音录像？是否需要两名律师在场？对于这些问题，法律都没有给出明确的答案。

第二，立法不够完备。首先，权利的行使缺乏保障，有权利就得有保障；否则，关于侦查阶段律师调查取证的规定只是一纸空文。《刑事诉讼法》对侦查阶段律师调查取证没有保障性的法条规定，相对而言，侦查部门的调查倒是有着充分的保障。法律规定，任何单位和个人对公安机关的调查都要积极配合；而律师作为私人法律帮助者，在调查取证方面，天然地处于劣势，法律更应该在立法上给予充分的保障。其次，《刑事诉讼法》中关于侦查阶段律师调查取证权的规定不够完备，具体来说，就是没有规定律师在侦查阶段的在场权和阅卷权。在侦查阶段，这两项重要的律师调查取证权利的缺失意味着律师调查取证的范围和作用大大地减小。此外，律师在侦查阶段的参与度不足，也导致对犯罪嫌疑人合法权益的保护力度不够。由于缺乏在场权，律师无法实时监督侦查活动，这可能使犯罪嫌疑人面临不公正的对待或滥用权力的风险。同时，没有阅卷权，律师难以全面了解案件材料，从而无法为犯罪嫌疑人提供充分的法律援助和辩护策略。深入地审视我国历史上的冤假错案后，可以发现一个显著的特征，即在侦查阶段已经种下了冤案的种子。这一阶段的问题主要源于侦查程序的过度封闭。在这一过程中，律师缺乏足够的权利保障，他们没有在场权和阅卷权，这导致他们在侦查阶段无法有效地监督和制约侦查机关的行为。由于缺乏有效的监督，侦查机关在进行调查时，可能会采取一些不当的手段，例如非法逮捕、非法拘留、违法取证等，这些行为严重地侵犯了犯罪嫌疑人的合法权益。此外，律师在这一阶段无法对侦查机关的违法行为进行调查取证，这进一步地加剧了冤案发生的可能性。因此，为了减少冤案的发生，必须对侦查程序进行改革，确保律师能够在侦查阶段拥有必要的权利，以便更好地保护犯罪嫌疑人的合法权益，防止侦查机关滥用职权。在侦查阶段，律师进行调查取证时，常常会遇到证据资格、证据能力、证据审查判断以及非法证据排除等方面的缺失问题。刑事诉讼的核心在于证据的运用，律师收集的证据与侦查机关收集的证据在证据资格、证据能力以及审查判断和非法证据排除等方面存在显著的差异。这些差异不仅体现在证明对象上，而且体现在举证责任等方面。因此，我国《刑事诉讼法》至少应当在法条中对这些关键内容作出原则性的规定，以确保诉讼过程的公正性与合法性。

3.1.4　侦查阶段律师调查取证权立法不足的原因

本书首先对我国侦查阶段律师调查取证权的确定及其内容进行了简要的介绍，并对其中存在的不足之处进行了分析。在此基础上，本书试图进一步地探讨和阐述关于侦查阶段律师调查取证立法规定不足的深层次原因。

首先，从刑事诉讼的目的来看。我们可以发现，在刑事诉讼中，任何制度的设计都是基于一定的诉讼目的。具体到我国的情况，长期以来，我国一直是一个诉讼职权主义国家，追诉犯罪被视为国家专门机关的职责所在。我国刑事诉讼的主要目的是追究犯罪并惩罚犯罪，而在侦查阶段，这一目的表现得尤为明显，即主要集中在收集证据和查获犯罪嫌疑人上。随着时间的推移，世界刑事诉讼的发展趋势逐渐显现，为了与世界接轨并顺应刑事诉讼的发展潮流，我国在 2012 年对《刑事诉讼法》进行了修改，新增了“保障人权”条款。然而，由于我国长期以来固有的国家惩罚犯罪的传统，我国的人权保障体系仍然不够完善。因此，尽管我国《刑事诉讼法》确立了侦查阶段律师调查取证的权利，但是考虑到侦查阶段特殊的诉讼目的，对律师调查取证权的立法规定自然会存在一定的限制。

其次，从律师在刑事诉讼中的地位来看。我国《刑事诉讼法》是规定专门机关和诉讼参与人的诉讼权利和义务的法律，之所以赋予侦查阶段的律师如此的调查取证权，是因为立法者对律师这一角色的定位为诉讼参与人。参与和主导是两个不同的概念，我国《刑事诉讼法》是由公安机关、人民法院、人民检察院主导的，律师只是参与者，因此，关于收集证据这种对诉讼起关键作用的行为，法律是不会全面地赋予律师的。在刑事诉讼中，律师的角色更多是为犯罪嫌疑人提供法律咨询、辩护等服务，而侦查机关、审判机关则承担着查明案件事实、适用法律的职责。律师虽然在一定程度上可以进行调查取证，但其权限和范围是受到法律严格限制的，这主要是为了保证诉讼的公正性和效率。律师在刑事诉讼中的作用是不可或缺的，但其职能和作用必须在法律框架内进行，以确保整个刑事诉讼过程的合法性和正当性。

在侦查阶段，律师调查取证权的立法基础似乎并不足够坚固。鉴于我国当前的法治环境以及犯罪形势的复杂性，我们应当遵循循序渐进原则，不能期望在短时间内将侦查阶段律师调查取证的权利规定得详尽无遗。实际上，为了确保法律职业的健康发展，许多基础性的工作还需要进一步加强和完善。这包括但不限于法律职业共同体的构建，律师在社会中的地位和素质的提升，以及他们调查取证能力的增强等方面。此外，还需要关注法律服务市场的规范，确保法律服务的质量和效率，以及加强法律教育和培训，提高法律人才的专业水平。同时，对于法律职业的伦理和道德标准，也需要不断地审视和强化，以确保律师能够以最高的职业操守来服务公众。

3.2 我国侦查阶段律师调查取证的实践情况

从先前的讨论中，可以清晰地看到我国在侦查阶段律师调查取证权的确立以及立法上的不足之处。可以明确的是，律师在侦查阶段调查取证制度在我国的建立时间较晚。尽管时间短暂，但是我国能够在这么短的时间内确立律师在侦查阶段的调查取证权，这一点确实值得给予高度的评价和肯定。与此同时，国外在这一领域的丰富实践经验也为我国提供了宝贵的参考。基于当前我国的立法状况，我们不禁要问，在实践中，律师在侦查阶段调查取证可能会遇到哪些问题呢？事实上，在2012年我国《刑事诉讼法》修改中，首次确立了侦查阶段律师调查取证的权利。2012年修改的《刑事诉讼法》自2013年1月1日实施以来，许多潜在的问题尚未完全显现。在这种情况下，律师在侦查阶段的调查取证实践显得尤为重要，值得我们密切关注。本书试图对实践中已经出现或可能出现的一些问题进行探讨和分析。2018年《刑事诉讼法》修改后，我国律师在侦查阶段的调查取证权得到了进一步的明确和加强。根据2012年修改后的《刑事诉讼法》，辩护律师在侦查期间可以为犯罪嫌疑人提供法律帮助，代理申诉、控告，申请变更强制措施，并向侦查机关了解犯罪嫌疑人涉嫌的罪名和与案件有关的情况，提出意见。辩护律师可以同在押的犯罪嫌疑人、被告人会见和通信。看守所应当及时安排会见，至迟不得超过四十八小时。在特定情况下，如危害国家安全犯罪、恐怖活动犯罪案件，辩护律师会见在押的犯罪嫌疑人需要经侦查机关许可。辩护律师自人民检察院对案件审查起诉之日起，可以查阅、摘抄、复制本案的案卷材料。辩护人认为，在侦查、审查起诉期间，公安机关、人民检察院收集的证明犯罪嫌疑人、被告人无罪或者罪轻的证据材料未提交的，有权申请人民检察院、人民法院调取。辩护律师经证人或者其他有关单位和个人同意，可以向他们收集与本案有关的材料，也可以申请人民检察院、人民法院收集、调取证据，或者申请人民法院通知证人出庭作证。人民法院、人民检察院、看守所应当告知犯罪嫌疑人、被告人有权约见值班律师，并为犯罪嫌疑人、被告人约见值班律师提供便利。犯罪嫌疑人、被告人自愿如实供述自己的罪行，承认指控的犯罪事实，愿意接受处罚的，可以依法从宽处理。

尽管律师在侦查阶段的调查取证权得到了加强，但在实践中仍可能面临一些挑战和困难，例如公众对律师调查令制度的理解存在偏差，律师持令调查时仍可能遇到障碍。此外，律师调查令制度的权威性、普适度和严谨性方面仍存在问题，需要进一步完善和规范。

3.2.1 公安机关、检察院以及律师对侦查阶段律师调查取证的态度

在2012年，我国对《刑事诉讼法》进行了重要的修改，这一修改具有里程碑意义，因为它首次赋予律师在侦查阶段调查取证的权利。这一变革打破了长期以来由公权力机构垄断的调查取证权，为我国的司法体系带来了显著的进步。律师在侦查阶段的介入，不仅有助于保障犯罪嫌疑人的合法权益，而且促进了司法公正和透明度的提升。那么，在这一法律变革之后，社会各界对于侦查阶段律师调查取证权的看法如何呢？

在我国，刑事诉讼活动是由公安机关、检察机关和法院这三个主要的司法机关主导进行的，它们共同构成了刑事诉讼的核心框架。除了这些司法机关，还有其他诉讼参与人，例如犯罪嫌疑人、被告人、被害人以及他们的法定代理人等，他们也参与到这一专门活动中，共同解决犯罪嫌疑人或被告人可能承担的刑事责任问题。律师作为诉讼参与人之一，在刑事诉讼中扮演着重要的角色，他们可以直接介入侦查阶段，开展调查取证工作。这种做法在我国2012年修改《刑事诉讼法》前是没有的。特别是在侦查阶段，这一阶段传统上是以封闭和秘密为原则的，律师的介入无疑是对我国刑事诉讼活动的一种挑战和突破。因此，侦查机关对于律师介入的态度，将直接影响律师在侦查阶段进行调查取证工作的实施情况，进而影响整个刑事诉讼的公正性和效率。

首先，深入地探讨律师在侦查阶段调查取证方面的态度。当我们提及侦查阶段的调查取证权时，律师的心情是复杂而微妙的。一方面，他们感到兴奋和期待，因为经过数十年的发展和法律体系的完善，我国终于在侦查阶段明确赋予律师调查取证的权利。这一进步无疑为律师提供了更好的条件，以实现辩护的职能，确保犯罪嫌疑人的合法权益得到充分的保护。另一方面，律师感到忐忑不安，因为这一权利的实施还面临着诸多挑战和不确定性。他们深知，在此之前，我国侦查阶段律师的作用相对有限，他们在法庭上往往难以提供有力的证据来反驳侦查阶段公安机关收集的证据中可能存在的瑕疵问题，以及在侦查过程中可能发生的对犯罪嫌疑人权益的侵害问题。根据法律规定，律师有责任根据事实和法律提出犯罪嫌疑人无罪或罪轻的证据材料。然而，现行法律并未明确赋予律师在侦查阶段调查取证的权利。这就导致一个问题：随着时间

的流逝，很多关键证据可能会消失，无法被收集和保存。因此，在调查取证方面，法律对侦查机关和律师的规定存在明显的不公平性。幸运的是，我国现行的《刑事诉讼法》在收集证据方面为律师作出了明确的规定。律师在会见犯罪嫌疑人时，其内容得到了扩充，他们现在可以询问案情，并且可以进行调查取证。这无疑让律师感到兴奋。然而，律师也感到忐忑不安，因为他们的执业风险也随之增加了。尽管我国现行的《刑事诉讼法》规定，律师如果涉嫌伪证罪，应当由办理其所承办案件的侦查机关以外的其他侦查机关来处理，但在实际操作中，律师很难摆脱嫌疑。例如，如果律师在会见犯罪嫌疑人之后，犯罪嫌疑人翻供，改变了之前对侦查人员所作的供述，那么在强大的侦查机关面前，尤其是在侦查机关的证据在法庭上几乎总是被完全采纳的情况下，律师可能会发现自己处于一个非常困难的境地，难以辩解，很难避免侦查机关的追究。

其次，公安机关对于侦查阶段律师调查取证的态度和看法是怎样的呢？随着我国 2012 年修改《刑事诉讼法》，许多基层民警反映，案件的处理变得更加复杂和困难，原因在于律师开始介入侦查阶段。为了应对这一变化，各地公安机关纷纷展开了深入的学习和研究，积极提出各种对策和意见，讨论如何有效地应对律师在侦查阶段的介入。在这个过程中，也出现了一些争议，有人甚至质疑并否认律师在侦查阶段的调查取证权，他们认为，律师在侦查阶段不应该拥有调查取证的权利。在深入探讨律师介入侦查阶段调查取证的问题时，我们可以观察到公安机关对此持有两种截然不同的态度。公安机关中的一部分人持有抵触情绪。长期以来，我国的侦查阶段一直保持着相对封闭的状态，侦查工作在没有外部干扰的情况下进行。然而，一旦律师介入侦查阶段，并且被赋予调查取证的权利，这种封闭的侦查格局就会被打破。从实际办案的角度来看，律师的介入对讯问工作产生了显著的影响。犯罪嫌疑人在心理上得到了依靠，这在讯问过程中是极其重要的。大家知道，讯问工作在本质上是一种心理战术，在犯罪嫌疑人刚刚完成犯罪行为，还没有建立起心理防御机制的时候，侦查人员通过讯问技术可以有效地迫使犯罪嫌疑人坦白自己的罪行。但是，一旦犯罪嫌疑人会见了律师，他们的心里就有了缓冲，这使得他们更容易对抗侦查。这正是在当前我国侦查手段尚未高度发达的情况下，侦查人员对律师在侦查阶段调查取证持抵触态度的原因之一。另一方面，公安机关的人员开始将这种压力转化为动力，他们开始规范侦查行为，并积极探索新的侦查思路。律师制度的完善，尤其是侦查阶段律师调查取证权的确立，被视为侦查程序发展的契机。在当前世界刑事诉讼发展的大趋势中，保障人权已经成为一个重要的方向。因此，侦查机关应当对律师介入侦查阶段开展调查取证持有支持和肯定的态度，确保侦查阶段律师调查取证权的实现，这对于推动侦查工作的公正性与合法性具有重要意义。

在探讨检察机关对于律师在侦查阶段进行调查取证的态度时，我们可以回顾2013年广东省法学会律师学研究会举办的学术年会。在这次重要的会议上，广东省检察院公诉一处处长发表了看法。他明确地指出，随着我国2012年修改的《刑事诉讼法》的实施，律师在执业过程中查阅案件材料以及进行调查取证的权利得到了进一步的扩展和保障。广东省检察院公诉一处处长坦率地表示，这样的变化对于公诉人而言，意味着一个挑战的到来，他用“狼来了”这个形象的比喻来形容这一变化带来的影响。根据2012年修改的《刑事诉讼法》的规定，律师的辩护起点已经提前到侦查阶段，这意味着律师的辩护权利得到了提前和扩大，从而使得公诉人与辩护律师之间的平等化得到了最大限度的实现。正如一些法律专家所指出的，律师的同步介入，使得公诉人在案件信息上的传统优势已经不复存在。无论如何，律师在侦查阶段进行调查取证已经成为一个不可逆转的现实，这对于我国刑事诉讼的格局产生了巨大的冲击。然而，尽管面临这样的变化，检察院方面还是从刑事诉讼发展的角度出发，表明了自己的态度。沈丙友处长认为，充分尊重律师的权利是前提，认真听取律师的意见是基础，而提升自身素质则是关键。虽然这仅仅是广东省检察院的态度，但是本书认为，全国大部分地区的检察院实际上都持有这种态度。

3.2.2 2012年修改的《刑事诉讼法》实施后侦查阶段律师会见情况

在当前的法律实践中，律师在侦查阶段扮演的角色和进行的活动是相当重要的。暂且不探讨律师在这一阶段通过会见犯罪嫌疑人所能调取的证据种类、调查的范围以及调查和收集证据的审查、提交和运用等复杂问题，本书首先希望对律师在侦查阶段会见犯罪嫌疑人这一实际情况进行一个基本的了解和分析。根据公安部监管局的统计数据，在2012年修改的《刑事诉讼法》实施之后，全国范围内律师与犯罪嫌疑人的会见数量显著增加，每个月的会见人次都超过了10万。以武汉市第一看守所为例，该所平均每天接待律师的次数从过去的5批次激增到20多批次，增长幅度达到数倍之多。2013年1—4月，没有发生任何由看守所方面的原因导致律师在法定的四十八小时内无法会见犯罪嫌疑人的情况。公安部监所管理局局长对此表示，这是非常积极的变化。同时，根据公安部的统计，2013年第一季度，全国看守所共安排律师会见35万多人次，其中有252人次未能成功会见。在这252人次中，有231人次是因为律师未能按照预定的会见时间到场，主要是律师预约了会见时间但未能按时出现。此外，公安部自2013年1月1日起，每个月都会进行通报，对设置会见障碍的问题进行全面排查，并督促相关单位立即进行整改，以确保律师会见权的顺利实施。在2012年修改的《刑事诉讼法》实施过程中，律师在侦查阶段与犯罪嫌疑人进行会见的问题已经得到了基本的解决，然而，这并不意味着所有的问题都已经被彻底消除。实际上，仍然存在一些挑战和障碍。例如，某些看守所除了要求律师提供“三证”——律师执业证书、律师事务所的证明文件以及犯罪嫌疑人或其家属签署的委托书以外，还额外设定了其他不必要的限制条件。这些条件包括但不限于：要求会见时必须有两名律师同时在场，或者在特定的工作时间之外不安排会见，甚至规定男律师不得单独会见女性犯罪嫌疑人。这些额外的限制无疑给律师的工作带来了不便，有时甚至阻碍了律师与犯罪嫌疑人之间的正常沟通。此外，还有一些情况是由侦查机关的不当行为导致律师无法顺利地会见犯罪嫌疑人。特别是在“三类案件”（涉及危害国家安全的犯罪、恐怖活动犯罪以及重大贿赂犯罪）侦查过程中，尽管有些案件实际上并不属于这三类，侦查机关却依然可以任意地将案件归类为“三类案件”，并以此为由拒绝律师的会见请求。这种做法不仅违反了法律规定，而且侵犯了犯罪嫌疑人的合法权益，影响了律师依法履行其职责。[26]

3.2.3 侦查阶段犯罪嫌疑人无罪证据的收集情况

2018年修改的《刑事诉讼法》第四十二条明确规定，辩护人在辩护工作过程中，如果收集到能够证明犯罪嫌疑人不在犯罪现场、未达到刑事责任年龄、属于依法不负刑事责任的精神病人的相关证据，辩护人有责任并且必须及时地将这些证据信息告知负责案件的公安机关以及人民检察院。这一规定旨在确保司法程序的公正性，保障犯罪嫌疑人的合法权益，同时有助于司法机关更准确地查明案件事实，避免冤假错案的发生。

首先，深入地探讨律师在侦查阶段如何收集有关犯罪嫌疑人不在犯罪现场的证据。在法律程序中，犯罪嫌疑人是否在犯罪发生时身处现场，这是一个关键的问题。然而，仅仅依靠犯罪嫌疑人的陈述来证明其不在场是远远不够的，因为这样的证据往往缺乏足够的说服力。尽管犯罪嫌疑人对于自己是否在场有着最直接的了解，但他们的说法需要通过其他形式的证据来加以支持和证实。因此，犯罪嫌疑人需要向他们的律师提供可能的线索和信息，以便律师能够进行深入的调查和取证工作。律师在这一过程中扮演着至关重要的角色，他们可以通过多种方式来收集证据，比如询问犯罪嫌疑人的近亲属、朋友、同事或其他可能了解情况的人。通过收集这些人的证言和其他相关证据，律师可以帮助犯罪嫌疑人构建一个有力的辩护主张，以证明犯罪嫌疑人确实不在犯罪现场。在这个实践过程中，我们将会遇到诸多挑战和问题。第一，关于证据收集的可能性问题。目前在我国，律师并没有强制收集证据的法定权力。这意味着，律师在收集证据时，必须依赖于证人或其他单位的自愿配合。此外，从证据的证明力角度来看，要证明犯罪嫌疑人不在犯罪现场，往往存在一定的难度。例如，如果犯罪嫌疑人在案发时独自在家睡觉，那么谁能提供确凿的证据来证明他当时确实在睡觉呢？律师在收集能够证明其不在犯罪现场的证据方面，又会面临怎样的挑战和困难呢？第二，关于是否敢于收集证据的问题。长期以来，收集证据一直被视为侦查机关的专属职责。律师如果尝试收集证据来证明犯罪嫌疑人不在犯罪现场，可能会承担一定的风险，甚至可能因为涉嫌伪证而被追究法律责任。第三，关于如何收集证据的问题。我国现行的《刑事诉讼法》并没有明确规定律师在收集证据时可以采取的具体手段和方法。在实际操作中，律师是否可以采取查询、录音录像等手段来收集证据？这些问题的解决，在很大程度上取决于律师在收集证据时展现出的智慧和动力。第四，关于收集到的不在犯罪现场的证据如何向侦查机关提供的问题，是直接向具体负责案件的民警提供，还是向办案部门提供？提供的证据应该如何保存？是否需要附卷存档？这一系列问题都需要在实践中不断摸索和解决。

其次，探讨律师在侦查阶段收集的犯罪嫌疑人未达到刑事责任年龄的证据问题。在 2012 年《刑事诉讼法》修改之前，律师在审查起诉之日起便可以开始调查取证工作。因此，关于律师收集的关于当事人未达到刑事责任年龄的证据问题，本书在此仅想探讨此项证据的提交方式及其证明力问题。与前述律师在侦查阶段收集的犯罪嫌疑人不在犯罪现场的证据相比，律师收集此项证据所面临的风险要小得多。这是因为，在我国，对于未成年人犯罪以及年龄的确定方面，法律采取了相对谨慎的态度。一旦律师成功地收集到能够证明犯罪嫌疑人未达到刑事责任年龄的有力证据，那么这一证据的提交，对于侦查机关来说，可能会产生釜底抽薪般的效果。在这种情况下，案件有可能不经过冗长的审判阶段，而是直接被撤销。然而，在实际操作过程中，可能会遇到一系列的问题。例如，律师应该如何向侦查机关提交这些证据？如果侦查机关对律师提交的证据视而不见，不予理睬，那么又该如何是好？我们必须认识到，任何证据都必须经过严格的查证，确认其真实性之后，才能作为定案的依据。因此，在侦查阶段，当律师和侦查机关对于证据持有不同意见时，由于缺乏一个中立的第三方机关来对证据进行审查和判断，所以侦查机关必须将律师收集并提交的关于犯罪嫌疑人未达到刑事责任年龄的证据纳入案件卷宗。这样一来，到了审判阶段，法官可以对这些证据的证明力和证据资格进行详尽的审查和判断。

在讨论律师在侦查阶段扮演的角色时，我们不得不提到一个特别的情况，那就是当律师收集到犯罪嫌疑人可能属于依法不负刑事责任的精神病人的相关证据时，应该如何处理。根据《刑事诉讼法》的规定，律师在侦查阶段收集到的此类证据，有义务及时地告知侦查机关。立法者的初衷在于确保信息的透明度和公正性，防止律师在案件进入审判阶段突然出示这些证据，从而造成所谓“证据突袭”。这种做法不仅可能对侦查机关的调查工作造成干扰，而且对于犯罪嫌疑人来说，也不一定是有利的。因为如果在侦查阶段能明确犯罪嫌疑人因精神状态问题而不负刑事责任，那么可以及时采取相应的医疗措施，避免对犯罪嫌疑人的进一步伤害。因此，律师在侦查阶段收集到的关于犯罪嫌疑人可能属于依法不负刑事责任的精神病人的证据，应当及时告知侦查机关，以便于案件能够更加公正、高效地进行处理。根据我国现行的《刑事诉讼法》的规定，鉴定是指那些拥有特定专业知识和技能的专家，在司法机关聘请和指派下，对案件中某些专门性问题进行科学分析和判断的过程。那么，在司法实践中，律师是否有权申请鉴定人对犯罪嫌疑人进行精神病鉴定呢？如果律师确实提出了这样的申请，那么在犯罪嫌疑人处于侦查阶段，并且已经被采取了羁押措施，关押在看守所的情况下，鉴定人是否能够接触到犯罪嫌疑人呢？在这种情况下，律师是否可以向侦查机关提出申请，要求进行相关的鉴定工作？本书认为，从保护犯罪嫌疑人合法权益的角度出发，如果律师提出了进行精神病鉴定的申请，那么侦查机关应当予以积极配合与支持。

上文中概述了律师在侦查阶段根据法律规定所承担的证据提交义务。目前，在实际操作过程中，我们面临的一个主要问题是没有一个明确的、成文的证据提交程序。鉴于侦查阶段的特殊性，特别是基于侦查工作的保密性原则，我国目前在侦查阶段并没有设立一个双方证据展示的程序。因此，在这一阶段，律师的角色主要限于单方面地向侦查机关提交三类证据。因此，本书认为，律师在向侦查机关提交证据时，应当考虑将证据直接呈递给案件负责人。这种做法是基于对公安机关内部领导结构的深入理解。当律师将上述三类关键证据直接提交给案件负责人时，案件负责人将有机会根据这些证据作出是否撤销案件的决定，并且可以立即通知负责具体案件侦查的工作人员。这种做法对于提高诉讼效率以及保护犯罪嫌疑人的合法权益具有极其重要的意义。特别是当犯罪嫌疑人处于被拘留状态时，如果侦查机关负责人能够依据这些证据作出释放犯罪嫌疑人的决定，那么对犯罪嫌疑人来说是一个极其有利的进展。此外，侦查机关负责人将会详细记录下律师提交的三类证据的具体情况，并将这些情况整理成一份笔录。同时，案件负责人还需要出具一份证据的种类清单，这份清单将被制作成一式两份的副本。这样一来，律师和侦查机关负责人双方都可以在笔录和清单上各自签字，以确保双方对提交的证据种类和内容有共同的认识和记录。

3.2.4 侦查阶段律师提交无罪证据的义务带来的风险情况

众所周知，在我国的刑事诉讼实践中，律师调查取证是非常困难的；在几乎由侦查机关完全垄断的侦查阶段，律师调查取证更是难上加难。2018 年修改的《刑事诉讼法》规定，律师对在侦查阶段收集的无罪证据负有提交的义务，这意味着律师不能像《刑事诉讼法》修改以前那样在法庭上搞“证据突袭”。在我国，刑事诉讼活动中的律师取证工作一直是一项挑战重重的任务。特别是在侦查阶段，由于侦查机关拥有广泛的权力和资源，律师往往难以获得与之相匹敌的调查能力。这种情况下，律师在收集证据时常常面临重重阻碍，不仅需要克服信息不对称的难题，还要在法律允许的范围内进行取证，这无疑增加了工作的复杂性和难度。2018 年修改的《刑事诉讼法》实施后，对律师在侦查阶段的角色和责任进行了新的规定。根据 2018 年修改的《刑事诉讼法》，律师有义务将他们在侦查阶段发现的无罪证据提交给侦查机关，这无疑对律师的工作方式产生了重大影响。律师不能再像过去那样，在法庭上通过突然出示无罪证据来为当事人辩护，这种策略的改变，使得律师必须更加注重在侦查阶段的证据收集工作。那么，在实践中，侦查阶段律师收集的无罪证据提交给侦查机关过后，可能会产生什么样的结果呢？首先，侦查机关可能会对这些证据进行审查，以确定其真实性和相关性。如果证据被认定为有效，那么它可能会对案件的侦查方向产生影响，甚至可能导致侦查机关重新评估案件的性质。然而，也存在提交的证据可能得不到侦查机关的充分重视，或者在某些情况下，这些证据可能会被忽略或被有意无意地排除在案件记录之外的情况，这时律师的工作显得尤为重要，他们需要确保证据的提交过程符合法律规定，并且在必要时，通过法律途径来保护当事人的合法权益。因此，律师在侦查阶段的取证和证据提交工作，不仅需要细致和谨慎，而且需要具备高度的专业能力和法律知识，以确保在复杂的刑事诉讼过程中，当事人的权益得到最大限度的保护。根据本书的分析和见解，可能会产生以下两种风险。其一，我们必须考虑在实施过程中可能会遇到的潜在问题，这些问题可能会对案件的成功造成影响。其二，我们需要警惕那些可能在案件后期显现出来的风险，这些风险可能会在案件进行到一半时突然出现，从而对整个案件的进度和质量产生负面影响。

我们面临的一个重要问题是证据可能遭受灭失的风险。在我国，特别是在一些地区，公安机关尚未建立起一套完善的证据保管制度。这导致没有专门的证据保存室来妥善地存放这些重要的法律文件。在这种情况下，侦查部门收集到的证据往往被随意放置，缺乏有效的管理和保护措施。如果在侦查阶段，律师提交了能够证明犯罪嫌疑人无罪的证据，而这些证据不幸被遗失或损坏，那么对于犯罪嫌疑人来说，他们将面临极大的风险，可能会无辜地被定罪并遭受牢狱之灾。可以这么说，从保障人权的角度来说，律师在法律程序中收集的证据的灭失，其带来的后果要比侦查机关收集的证据灭失造成的影响更为严重。

这是因为，一旦一个刑事案件被错误地判决，其所造成的危害和影响远远大于案件本身无法侦破所带来的后果。刑事案件往往错综复杂，其中任何一个关键的关于无罪的证据的灭失，都有可能让一个无辜的人从此陷入无法辩解的境地，从而陷入冤假错案的无尽旋涡之中。基于这样的认识，本书认为，为了彻底地杜绝这种由证据灭失带来的风险，一种切实可行的办法是：应当由在诉讼过程中处于中立地位的法院来负责保管律师在侦查阶段收集的所有无罪证据。这样，不仅能够确保证据的安全性，防止其被不当销毁或遗失，而且能保证在法庭审理过程中，这些关键证据能够被充分地利用，从而保障司法公正和人权的实现。

在法律职业这一高度专业化且复杂多变的实践领域中，律师所肩负的责任与风险呈现出多样性。其中，律师可能面临被追究责任的风险，这是其职业风险的重要方面之一。根据《刑事诉讼法》的规定，律师在侦查阶段有义务向侦查机关告知其所掌握的犯罪嫌疑人无罪的证据。然而，在实际操作过程中，可能会出现两种截然不同的情况。其一，假设律师在侦查阶段确实收集到能够证明犯罪嫌疑人无罪的关键证据，但出于某种原因，律师并未将这些证据告知侦查机关，那么在这种情况下，律师是否应当承担相应的责任呢？这是一个值得深思的问题。律师可能因为担心证据的可靠性、证据来源的合法性，或是担心证据可能对案件的其他方面产生不利影响而选择保持沉默。这种沉默是否合理，是否可以被理解为律师在保护当事人的合法权益，还是会被视为对司法公正的妨碍，这在法律界一直是一个颇具争议的话题。其二，律师在侦查阶段选择不告知、不提交这些证据的行为，是否可以被视为隐匿证据呢？这同样是一个复杂且具有争议的法律问题。律师在履行职责时，必须在保护当事人权益和遵守法律规定之间找到平衡点，而这一平衡点的把握往往充满了挑战和风险。律师可能会面临道德和法律的双重压力，一方面要确保不违背职业道德，另一方面不能违反法律规定。在某些情况下，律师可能会因为担心证据的使用可能对当事人产生不利的后果而选择不提交证据。在这种情况下，律师的决定可能会受到来自司法机关的质疑，甚至可能面临被追究法律责任的风险。因此，律师在侦查阶段的这种行为，不仅考验着律师的专业判断，而且反映了法律制度在实际操作中的复杂性和微妙性。

本书认为，法律条文不是一纸空文，它们是维护正义和秩序的基石。当法律明确规定了律师在司法程序中必须履行告知义务以及提交相关证据的职责时，这不仅仅是一种形式上的要求，而是对律师职业行为的严格规范。这些义务的存在，是为了确保司法过程的透明和公正，保障当事人的合法权益。因此，律师作为法律的执行者和守护者，有责任严格遵守这些规定；否则，他们应当为自己的疏忽或故意行为承担相应的后果和责任。一方面，如果律师在处理案件时，故意隐匿可能证明当事人无罪的证据，其目的可能是在法庭上进行所谓证据突袭，试图以此获得某种策略上的优势，那么这种行为不仅违背了律师的职业道德，而且破坏了司法的公正性。在这种情况下，法律应当对律师进行适当的训诫或者警告，以示惩戒，并防止类似行为的再次发生。另一方面，如果律师故意不提交证据，并且其背后的意图是希望犯罪嫌疑人因此而受到刑事处罚，那么这种行为的性质就完全不同了，它可能涉及对犯罪嫌疑人权利的严重侵害，甚至可能构成对司法公正的蓄意破坏。在这种情况下，法律应当对律师进行更为严厉的追究，甚至可能包括刑事责任的追究，以确保司法公正和当事人的合法权益得到保护。这种做法不仅能够维护法律的尊严，而且能够强化律师职业的诚信和责任感，从而为构建一种更加公正和透明的司法环境奠定基础。

在司法实践中，第二种情况往往涉及律师在辩护过程中所面临的复杂挑战。当律师通过严谨的调查和取证工作，收集到能够证明当事人无罪的关键证据，并且依照法律规定，将这些证据向侦查机关进行了正式的告知和提交。然而，在某些情况下，这些由律师提供的证据可能会与侦查机关持有的证据存在明显的差异，甚至是对立的。这种不一致性有时会导致侦查机关对律师的工作产生怀疑，认为律师可能通过不当手段影响了证人，从而涉嫌“引诱证人作伪证”等犯罪行为。在这种误解和紧张的氛围中，律师有时会遭遇不幸的后果，比如被侦查机关以伪证罪名进行追究，甚至在极端情况下，律师可能会被错误地抓捕和拘留。这种情况不仅会对律师个人的职业生涯和声誉造成严重损害，而且会对整个司法公正和法治环境产生负面影响。因此，如何在保护当事人合法权益的同时，确保律师自身不受不公正对待，成为司法改革和实践中亟待解决的问题。在实际的法律操作过程中，律师在与犯罪嫌疑人或证人会见之后，若上述人员在后续阶段改变了其陈述内容，律师将面临两方面的潜在风险。其一，他们可能会受到侦查机关的威胁，因为侦查机关可能会认为律师在某种程度上影响了犯罪嫌疑人的供述或证人的证词。其二，律师可能面临来自犯罪嫌疑人的风险，因为犯罪嫌疑人在面对侦查机关的强大压力和可能的法律追究时，为了减轻自己的责任或避免受到更严厉的处罚，有时会选择与侦查机关合作。这种合作可能表现为犯罪嫌疑人声称他们的新陈述是由于律师的指使或引诱而作出的，从而将责任转嫁给律师。在我国的刑事诉讼活动中，出现了一种非常罕见且令人费解的现象，即犯罪嫌疑人对他们的辩护律师进行指证。这种情况在重庆“打黑案”中表现得尤为明显，其中犯罪嫌疑人龚某某竟然公开指证了自己的辩护律师李某，这一事件在当时引起了广泛的关注和讨论。龚某某在法庭上突然声称，他的律师李某在案件处理过程中存在违法行为，包括伪造证据和教唆作伪证等。这一指控不仅让李庄感到震惊，而且让在场的法官和旁听的公众感到意外。人们不禁开始质疑，在司法程序中，律师与犯罪嫌疑人之间的信任关系是否已经破裂到如此地步，以致犯罪嫌疑人会转而攻击自己的辩护律师。这种怪现象不仅暴露了司法实践中可能存在的问题，而且引发了对律师职业伦理和犯罪嫌疑人权益保护的深刻反思。

3.2.5 侦查阶段律师申请调查取证情况

在前文的探讨中，本书已对律师在侦查阶段享有的申请调查取证权的法律依据进行了全面且系统的梳理与分析。在此基础上，本书进一步地聚焦于律师在实际操作过程中行使该权利时可能面临的具体情境、挑战与应对策略。例如，在一些复杂的案件中，律师可能需要申请对特定证据进行更深入的调查，以确保犯罪嫌疑人的合法权益得到充分的保护。在该过程中，律师可能遭遇侦查机关的阻碍，抑或因证据的敏感性与复杂性而面临诸多难题。与此同时，律师在申请调查取证时，必须严格遵循相关法律规定，确保其申请具备合理性与合法性，从而避免对案件的公正审理造成不利影响。下面深入地剖析实践中可能遭遇的挑战，并探讨如何在法律框架内有效应对这些问题。

实际上，我们所讨论的正是 2018 年修改的《刑事诉讼法》第四十三条的实践应用问题。这一条款的引入，是立法者经过深思熟虑后作出的重要决策，旨在强化律师在刑事诉讼中的作用和地位。立法者规定律师申请调查取证的权利，是因为在我国，律师的调查取证权在本质上是一种“权利”，而不是一种

"权力"。这一点至关重要，它体现了律师在法律程序中的独立性和专业性。律师在自行收集证据过程中，如果遇到难以克服的困难，他们并不能像执法机关那样采取任何强制性的措施。这是因为律师的角色是为当事人提供法律服务，而不是执行法律。因此，当他们在取证过程中遇到障碍或阻力时，他们只能请求国家公权力机关介入，以此来确保调查取证工作的顺利进行。这种做法不仅保障了律师的合法权益，而且维护了司法公正和效率。通过这样的规定，立法者希望能够在保障当事人合法权益的同时，确保司法程序的正当性和法律的严肃性。

本书拟对律师在侦查阶段提出的调查取证申请进行全面且深入的评估与分析。鉴于律师在刑事诉讼中，尤其是在侦查阶段所发挥的重要作用，其提出的调查取证申请对于保障案件的公正性与透明度具有不可忽视的影响。因此，对这些申请进行深入评估显得尤为重要。此类评估不仅涉及对证据的收集与分析，而且包括对律师申请的合理性与必要性的考量，以及对可能影响案件进展的各种因素的综合评估。通过这样的评估，能够更清晰地理解律师在侦查阶段的作用，以及他们如何通过法律手段保护当事人的合法权益，确保司法程序的正当性。首先，我们必须深入地探讨律师是否会行使这一权利，即向检察院或者法院申请调查取证。在本书视角下，考虑到当前的诉讼环境，律师在侦查阶段向检察院或者法院申请调查取证的可能性并不高。根据《刑事诉讼法》的规定，公检法三机关在刑事诉讼活动中应当分工负责、相互配合、相互制约。然而，在实际操作过程中，我们观察到更多的是相互配合而非相互制约。因此，本书倾向于认为，在大多数情况下，律师不会选择在侦查阶段向检察院或法院提出调查取证的申请。相反，他们更可能采取的行动是会见犯罪嫌疑人，或者通过自己的努力进行调查，以此来获取必要的证据。

在现实的司法实践中，律师往往面临诸多挑战和限制，这使得他们在侦查阶段行使调查取证权变得尤为困难。律师在这一阶段的行动通常受到严格的监控和限制，他们必须在法律允许的范围内操作，同时要考虑到与侦查机关的关系。此外，律师在侦查阶段的调查取证往往需要耗费大量的时间和资源，而这些资源在实际操作中往往是有限的。因此，律师在权衡利弊之后，往往会选择更为稳妥和实际的方法，比如与犯罪嫌疑人进行深入的沟通和交流，以获取案件的第一手资料。同时，他们会利用自己的专业技能和经验，对现有的证据进行分析和评估，以期在法庭上为当事人争取到最有利的辩护效果。

下面将深入地探讨检察院或法院是否会根据律师的申请而进行调查取证的问题。在我国的司法实践中，律师在侦查阶段提出调查取证的申请是相当罕见的现象。其一，我国现行的《刑事诉讼法》对于侦查阶段律师申请调查取证的规定并不十分明确，这导致律师在实际操作中难以依据明确的法律条文来提出申请。其二，我国的刑事诉讼活动是严格按照既定的程序进行的，案件在未正式进入审查起诉和审判阶段之前，检察院作为承担控诉职能的机关，以及法院作为保持中立地位的裁决机构，是否会在没有程序制裁的情况下，根据律师的申请在侦查阶段主动调取证据，这本身就是一个值得深入探讨和思考的问题。其三，即便在侦查阶段检察院或者法院根据律师的申请调取了证据，那么这些证据将如何进行审查、使用以及保存，也是需要明确的法律程序和规则来规范的。这些程序和规则的缺失可能会对案件的公正性和律师的工作效率产生影响，因此，对于这一问题的深入分析和讨论是十分必要的。

在现实的司法环境中，律师在侦查阶段的调查取证申请往往面临着重重困难。一方面，由于法律规定的不明确，律师在提出申请时往往缺乏足够的法律依据，这使得他们的申请容易遭到忽视或拒绝。另一方面，侦查阶段的证据收集工作通常由公安机关主导，而律师的介入可能会被视为对侦查活动的干扰，从而遭到排斥。此外，由于缺乏有效的监督机制，检察院和法院在侦查阶段主动调取证据的意愿并不强烈，这进一步地加剧了律师在这一阶段申请调查取证的难度。因此，律师在侦查阶段的调查取证工作往往需要更多的法律支持和制度保障，以确保其能够有效地履行辩护职责，维护当事人的合法权益。

针对上述情况，律师在侦查阶段申请调查取证是很难实现的。本书认为，要解决律师在侦查阶段的申请调查取证问题，首先得打破我国严格的诉讼阶段的划分模式。在我国，诉讼阶段的划分过于僵化，缺乏必要的灵活性，这导致国家几乎对刑事诉讼拥有垄断地位。这种模式虽然对打击犯罪非常有利，因为它确保了国家机关能够迅速、有力地采取行动，但是同时，它对保障人权、保障无辜者免受冤枉非常不利。因此，本书坚信，应该打破这种诉讼阶段的划分模式，将刑事诉讼划分为审前程序和审判程序两个部分。在审前程序中，律师应被赋予更多的权利，以便更有效地进行调查取证工作。同时，应当建立更加完善的监督机制，确保侦查阶段的权力不会被滥用，从而在打击犯罪的同时，也能够更好地保护犯罪嫌疑人的合法权益。此外，通过引入第三方监督，比如独立的监察机构，可以进一步地确保侦查过程的公正性。这样的改革不仅能够提升司法效率，而且能够增强公众对司法系统的信任，从而在维护社会秩序和保障个人权利之间找到一个更加平衡的点。

其次，进一步地明确检察院和法院在依据申请调取证据之后对证据的审查、使用、保存责任，这一点在司法实践中显得尤为重要。在许多情况下，律师申请调取证据主要是为了证明犯罪嫌疑人无罪或罪行较轻。因此，检察院在获取这些证据后，可以依据这些证据行使相应的监督权，确保案件的公正处理。人民法院作为司法体系中保持中立的机构，其职责是基于案件的全面考量，将妥善地保存依据申请调取的证据。在案件进入审判阶段后，法院将综合考虑所有证据，包括律师申请调取的证据，然后作出公正的判决。这种程序的严谨性，不仅体现了法律对个体权利的尊重和保护，而且确保了司法过程的透明度和公信力。在实际操作中，律师和检察官之间的互动往往充满了紧张和期待，每一项证据的调取都可能成为案件转折的关键。因此，对于证据的审查和使用，需要格外谨慎和细致，以避免任何可能的误判或遗漏。同时，这也要求法院在保存证据时，必须采取严格的措施，确保证据的完整性和真实性不被破坏，直至作出最终的判决。这样的司法实践，不仅考验着司法人员的专业能力，而且展现了法律对于正义追求的不懈努力。

此外，在司法实践中，应当强化对证据调取程序的监督和评估机制。这不仅包括对证据调取过程的合法性审查，而且应涵盖对调取程序效率的评估。例如，可以设立专门的监督小组，负责监督证据调取的整个流程，确保其符合法律规定，并且高效及时。这样的小组可以由资深的法官、检察官和律师组成，他们将对证据调取的每一个环节进行评估，确保没有不必要的延误，同时保障当事人的合法权益。此外，对于证据调取的效率和效果，应当建立定期的评估报告制度，通过数据分析和案例研究，不断优化证据调取的流程和方法。这不仅有助于提升司法效率，而且能增强公众对司法公正性的信心。通过这样的机制，可以进一步地提高司法透明度，确保每一项证据都能在法律允许的框架内得到妥善处理，从而为实现司法公正奠定坚实的基础。

4　我国侦查阶段律师调查取证权的保障和完善

在对侦查阶段律师调查取证权的深入探讨中，我们不仅分析了其概念、目的、范围和手段，而且细致地审视了其在实践中的应用和可能遇到的挑战。这一权利的确立无疑是我国刑事诉讼制度发展中的一个里程碑。它赋予律师在侦查阶段重要的调查取证权，使得律师在与控方的较量中，不再是毫无准备的。这种变化预示着庭审中控辩双方将会展开更为激烈和深入的辩论，而这种辩论对于揭示案件真相、保障司法公正具有不可估量的价值。

为了确保律师在侦查阶段能够充分地行使调查取证的权利，从而保障司法程序的公正性和透明度，需要从三个关键方面着手进行改进和加强。首先，必须确保律师在侦查阶段能够无障碍地行使调查取证的权利，这不仅包括能够自由地访问相关证据材料，而且应涵盖能够无障碍地会见当事人，以便于了解案件的详细情况，并且能够与证人进行有效的交流，以获取关键证词。为了达到这一目标，可能需要对现行的侦查程序进行细致的审查和必要的调整，确保律师的介入不会受到不必要的限制或延误。其次，需要确保律师在侦查阶段收集的证据能够得到法庭的充分认可和采纳，确保这些证据在庭审中能够发挥应有的作用，从而为案件的公正裁决提供坚实的基础。这要求我们加强法官和律师之间的沟通，以及对证据规则的明确界定，确保每一项证据都能在法律框架内得到妥善处理。最后，从立法层面进一步地完善侦查阶段律师调查取证权的相关规定，因为刑事诉讼的每一步都必须严格遵循《刑事诉讼法》的框架和精神，确保法律的权威性和严肃性。这可能涉及对现有法律条文的修改，以及对新情况、新问题的立法回应，以适应不断变化的司法实践需求。通过这些措施的实施，能够为律师提供一种更加公平和有效的法律环境，从而更好地服务于司法公正和人权保护，确保每一名公民在法律面前都能得到平等的对待。这不仅有助于提升公众对司法系统的信任，而且是构建法治社会不可或缺的一环。

4.1 保障侦查阶段律师调查取证权的充分行使

4.1.1 调动侦查阶段律师调查取证的积极性

长期以来，在我国的司法实践中，律师在侦查阶段往往面临一种尴尬的境地，他们的作用和影响力相对较小，这在一定程度上限制了辩护职能的充分发挥。律师常常感到束手束脚，难以在侦查阶段发挥应有的作用，这不仅影响了犯罪嫌疑人的合法权益，而且对整个司法公正产生了不利的影响。这种情况的存在使得律师在侦查阶段的参与度和影响力受到了明显的限制，进而导致辩护方在刑事诉讼中的地位和作用无法得到充分的体现。这种现象不仅削弱了犯罪嫌疑人获得公正审判的机会，而且对法律的权威性和司法系统的公信力构成了挑战。然而，自 2012 年《刑事诉讼法》修改之后，律师的权利得到了显著的提升和扩张。这些改变为律师在侦查阶段的工作提供了更为广阔的空间，使得他们能够更加积极地参与到案件的调查和取证过程中。具体而言，律师现在享有更多的会见权、阅卷权和调查取证权，这些权利的增强不仅有助于保障犯罪嫌疑人的合法权益，而且提高了司法程序的透明度和公正性。此外，律师在侦查阶段的介入，还有助于及时发现和纠正可能存在的程序错误，从而确保案件处理的正确性与合法性。这些改革措施无疑为我国的法治建设注入了新的活力，也为律师职业的发展提供了更加坚实的基础。

因此，我们应当把握这一契机，积极地行动，打破侦查阶段由侦查部门独家垄断的局面，进一步地激发律师在调查取证方面的积极性，以确保犯罪嫌疑人的合法权益得到更为充分的保障。同时，这也要求律师必须提升自身的专业素养和道德水准，以适应新的法律环境，为维护司法公正和法律尊严作出更大的贡献。

著者坚信，刑事诉讼活动并非仅仅是法律程序的简单串联，而是一个有机统一的整体，各个环节紧密相连，共同构成了司法公正的基石。为确保整个诉讼活动的公正性和有效性，应当从多角度出发，采取多种措施激发和调动律师在侦查阶段调查取证的积极性。这不仅包括提供必要的法律支持和资源，而且应当确保律师能够无障碍地获取相关的证据材料，并在法律允许的范围内，给予他们足够的空间和时间深入挖掘案件事实，从而为后续审判阶段奠定坚实基础。

在此过程中，律师的角色至关重要。他们不仅是当事人的代表，更是维护法律公正和程序正义的守护者。因此，激发律师在侦查阶段的积极性，不仅有助于保护当事人的合法权益，而且有助于提升整个司法系统的透明度和公信力。唯有如此，我们才能确保每一个案件都能得到公正的审理，每一个嫌疑人都能在法律面前得到公平的对待。

侦查机关应当转变传统的思维模式，重新认识并重视律师在侦查阶段扮演的重要角色。为了确保律师能够有效地在侦查阶段进行调查取证工作，侦查机关需要采取积极措施，提供必要的支持和便利。例如，侦查机关应当及时安排律师与犯罪嫌疑人的会见，确保会见过程顺畅无阻。此外，侦查机关不应无故地为难律师，不应设置不必要的障碍来妨碍律师与犯罪嫌疑人的会见。为了进一步地提供方便，侦查机关还可以考虑为律师会见犯罪嫌疑人提供必要的生活便利，比如安排适当的饮食等，以确保律师能够在良好的条件下开展工作。在这一过程中，侦查机关的工作人员应当展现出高度的职业素养和对法律程序的尊重，理解律师工作的复杂性和敏感性。侦查机关的工作人员应当以开放的心态与律师进行有效沟通，共同促进案件的公正处理。同时，律师也应积极地履行自己的职责，与侦查机关保持良好的合作关系，确保犯罪嫌疑人的合法权益得到保护，同时协助侦查机关高效、准确地查明案件事实。

在侦查阶段，律师扮演着至关重要的角色，他们努力地收集犯罪嫌疑人无罪的证据，以确保案件的全面和公正调查。侦查机关对于律师提交的这些证据，必须采取一种积极和负责任的态度，及时地进行细致的审查。这种审查不仅是对律师工作的认可，而且是对犯罪嫌疑人权益的一种保障。侦查机关应当在审查完毕后，迅速地将结果反馈给律师，这种做法能够极大地提升律师的积极性，使他们感到自己的努力没有白费，从而更加投入地参与到案件的调查取证工作中。律师在侦查阶段的调查取证工作往往充满挑战，他们需要在有限的时间和资源内，克服重重困难，深入挖掘可能被侦查部门忽视的无罪证据。侦查机关的及时反馈，不仅能够增强律师的信心，而且能够促进双方之间的良好沟通和协作，共同推动案件朝着更加公正的方向发展。这种基于相互尊重和信任的合作模式，对于构建一个更加透明和高效的司法体系至关重要，最终有助于确保每一个嫌疑人在法律面前都能得到公平的对待。

在加快建设法治社会的今天，建立一个和谐的法律职业共同体显得尤为关键。法律人之间的相互尊重不仅是职业操守的体现，更是对法律精神的共同维护。律师作为法律职业中不可或缺的一员，他们的工作同样充满挑战和责任。长期以来，社会上对于律师的误解和偏见根深蒂固，人们往往将律师与负面形象联系在一起，认为他们只是在为金钱而辩护，而忽略了律师在维护正义、保障人权方面所作出的巨大贡献。事实上，律师在司法体系中扮演着至关重要的角色，他们不仅是犯罪嫌疑人的代理人，更是法律公正的守护者。在法庭上，律师通过专业的法律知识和辩论技巧，为当事人争取合法权益，有时甚至能够挽救一个濒临崩溃的家庭或是让一个无辜的人免受冤屈。在许多案例中，可以看到，正是律师的不懈努力，使得真相得以大白、正义得以伸张。律师用实际行动证明了他们并非仅仅发挥“拿人钱财替人消灾”的作用，而是法律正义链条上不可或缺的一环。因此，我们应当重新审视律师职业，给予他们应有的尊重和理解，共同营造一种公平、正义的法律环境。

4.1.2 降低侦查阶段律师调查取证的风险

为了确保律师在侦查阶段调查取证的权利得到充分的行使，首要任务是确保律师的安全，从而降低律师在调查取证过程中可能遭遇的风险。在本书之前的内容中，已经详细地讨论了侦查阶段律师调查取证可能面临的风险。在司法实践中，我们不时会听到律师在执行职务时被拘留或逮捕的事件，这表明律师在这一阶段实际上处于相对弱势的地位。因此，探讨如何保护律师在侦查阶段免受不正当的追究，以及谁应当承担起保护律师的责任，成为当前亟须深入研究和解决的重要课题。

显然，这个问题已经引起了立法者的高度关注。2018 年修改的《刑事诉讼法》第四十四条明确指出，无论是辩护人还是其他任何个人，都不得协助犯罪嫌疑人或被告人进行隐匿证据、销毁证据、引诱证人作伪证，或者从事其他任何干扰司法机关诉讼活动的行为。值得注意的是，在 1996 年修改的《刑事诉讼法》中，并没有将“其他任何人”纳入这一规定的范围，这可能会导致人们误解该条款仅针对律师。因此，为了消除这种误解并扩大法律的适用范围，有关法律条文进行了相应的修改，将可能涉嫌伪证的主体范围扩展到包括所有个人。从法律的制定和完善的角度来看，这样的改动无疑是值得肯定和赞扬的。然而，从司法实践的角度来审视，这样的法律条文修改并不能完全解决律师在侦查阶段进行调查取证时可能面临的被抓捕和被追究法律责任的风险。要真正解决这一问题，需要法律界、司法机关以及社会各界的共同努力和多方面的协作。

我们必须深入剖析侦查阶段律师取证所面临的风险。这些风险主要源自侦查机关的行为。尽管法律明确规定，律师及其他个人均不得干扰诉讼活动，但在实际操作中，律师被追究伪证责任的情况却远多于侦查人员。这表明，侦查机关在追究伪证责任方面实际上掌握着较大的主动权。因此，律师在侦查阶段进行调查取证的安全性在很大程度上取决于侦查机关的行为是否规范。

从实质上讲，这要求侦查机关必须严格约束自身的公权力，避免对律师的调查取证行为进行随意干预。侦查机关在处理案件时，应以事实为依据、以法律为准绳，不能仅因犯罪嫌疑人的供述与侦查机关的立场不同，就对律师进行不当追究。此外，律师在取证过程中还需时刻警惕，因为侦查机关可能因对案件的预设立场，对律师的取证行为进行过度解读或误读，从而导致律师面临不必要的法律风险。

律师在取证时不仅要确保自身行为合法合规，而且需确保其行为不会被侦查机关误解。这需要律师具备高度的专业素养和丰富的实践经验。只有如此，律师才能在侦查阶段安全地开展取证工作，为犯罪嫌疑人提供有力的辩护，同时有效规避执业风险。

在侦查阶段，律师面临的潜在风险并不仅仅局限于与侦查机关的直接对抗，更深层次的挑战往往来自其代表的犯罪嫌疑人。在司法实践中，部分律师被不公正追究责任，在很大程度上是因为犯罪嫌疑人在侦查阶段心理状态的变化。面对侦查机关的强大压力，犯罪嫌疑人可能产生避重就轻的心理，试图通过各种手段减轻自身罪责。这种做法不仅会对律师的声誉和职业生涯造成不可逆转的损害，而且会严重地破坏法律程序的公正性和律师职业的安全性。

本书认为，要有效地解决这一问题，关键在于合理调整追究律师涉嫌伪证案件立案侦查的时间节点。建议将此类案件的立案侦查时间推迟到律师代理的犯罪嫌疑人案件完全结案之后。通过这种方式，可以有效避免犯罪嫌疑人因自身利益考量而将责任转嫁给律师，从而保护律师的合法权益，确保法律程序的公正和律师职业的安全。此外，这一措施还能增强律师在代理案件时的信心和安全感，使其能够更加专注于为犯罪嫌疑人提供专业的法律服务，而不是担心自己可能成为司法过程中的牺牲品。

在法律职业实践中，律师必须重视自我保护的重要性，严格遵循法律法规，确保在进行调查取证过程中不采取任何违反法律的行为。这是因为，只有确保了自身的安全与合法性，律师才能有效地开展工作，为犯罪嫌疑人提供有力的辩护。在《刑事诉讼法》中，并没有明确地指出律师在收集证据时应采用的具体方法和手段。基于此，本书建议，在进行调查取证时，律师可以考虑邀请第三方见证人参与，或者由两名律师共同进行取证工作，以增加过程的透明度和可信度。除此之外，律师还可以利用现代技术手段（如录音或录像）来记录证据收集的整个过程。这样，不仅可以确保证据的真实性和完整性，而且能为律师本人提供一层额外的保护，防止在取证过程中出现任何可能的误解或指控。

在现实操作中，律师在调查取证过程中往往会遭遇诸多复杂且微妙的状况。例如，律师可能需要进入敏感地点进行调查，与可能存在偏见的证人进行沟通交流，或者处理那些可能已被篡改或伪造的证据。这些情况不仅增加了调查取证的难度，还可能使律师面临职业风险。因此，律师在执行职责时，必须时刻保持警觉，采取一切必要的措施来保护自己不受不公正的指控。邀请见证人或使用录音录像设备，不仅能够记录证据收集的每一个细节，而且在法庭上也能作为有力的证据，证明律师的调查行为是合法和正当的。这种做法不仅有助于维护律师的职业形象，而且增强了整个司法系统的公正性和透明度。因此，律师在取证时的自我保护措施，不仅是对个人安全的保障，更是对法治精神的尊重和维护。

在我国的刑事诉讼体系中，律师所处的相对劣势地位是显而易见的，这一点在司法实践中被广泛地讨论和关注。然而，令人感到振奋的是，我国在侦查阶段确立了律师的调查取证权，这一进步的举措无疑为律师在刑事诉讼中的角色和地位带来了积极的变化。观察一个国家刑事诉讼制度的发展水平，关键在于律师在其中扮演的角色以及他们所享有的地位。长期以来，我国的诉讼模式偏向于职权主义，这使得公检法机关在诉讼过程中自然占据了优势地位。为了减少律师在执业过程中面临的风险，并且实现有效地打击犯罪与保障人权的双重诉讼目标，我们还有很长的路要走，任务艰巨而意义重大。这不仅仅是一个简单的法律问题，它实际上是一个深刻的社会问题，它直接关联到每一名公民的法律权益以及司法公正的实现。因此，我们必须不断地推动法律的完善和司法体制的改革，以确保律师能够在刑事诉讼中发挥应有的作用，为维护正义和公平作出更大的贡献。这涉及社会的每一个角落、每一个阶层、每一个个体。每一个人都有权利在法律面前得到公正的对待，每一个人都有责任维护司法的公正和法律的尊严。律师作为法律的守护者和正义的使者，他们的角色至关重要。律师不仅需要具备扎实的法律知识，而且需要有坚定的道德信念和公正无私的职业操守。因此，我们必须持续地推动法律的完善和司法体制的改革，为律师提供一种良好的工作环境，让他们能够更好地履行自己的职责，为社会的和谐与进步作出贡献。

以上是应然的分析，从实质及本质上看，有学者指出，律师的风险来自被追究伪证罪，但是律师伪证罪可能是一个伪命题。“律师伪证罪成立的前提是，律师为证人。因为按照逻辑，只有证人才能作伪证。然而，在诉讼过程中，证人、律师（包括检察官）、法官和陪审团，是完全不同的诉讼角色。证人一般分为两类：一类是目击证人，‘是指对于案件事实有直接或亲身知识的人’，只能对自己感官觉察到的情况作证，而不能提供意见证据；另一类是专家证人，可以基于自己所拥有的专门知识或技能提供专家意见。律师对案件事实既无亲身知识，又无专门知识。诉讼律师（包括检察官）的角色是，通过运用证人、书证和物证等，向事实认定者（陪审团或法官）提供信息。”[1]178

“谷口安平教授概括了律师的如下角色特征：（1）律师是辩论专家。经过训练和长期实践，律师在其拥有的法律知识和法律推理能力的基础上，能够根据具体案情对有利于委托人的论点和证据材料加以组织，并以逻辑严密完整的样式来展开辩论。（2）律师因案件本质上属于他人的问题，而能保持一定距离，较客观冷静地把握情况，进行具有说服力的辩论，并说服陪审团接受其推断和结论。（3）律师作为从事法律职业者，接受这种职业团体的伦理规范制约。律师虽为当事人的代理人，但其利益或立场并不完全等同于当事人本身；另外，律师虽与法官同属法律职业者，但并非附属于司法机关，而是站在一种中间、独立的立场参与诉讼。”[1]180

“因为律师在诉讼中具有与检察官大致相当的独立诉讼角色，所以，检察官和律师都不是证人，因而都不会犯伪证罪。律师和检察官的角色是调查、访谈，通过运用证据向事实认定者提供对案件最有价值的信息。其中，律师的辩护权还是来自委托人的授权。”[1]180

4.1.3 相关人员和单位积极配合律师调查取证

在侦查阶段，律师是否能够成功地收集到证据，在很大程度上取决于相关个人和单位是否愿意提供配合。这不仅是一个法律问题，更是一个社会问题。尽管《刑事诉讼法》并未明确规定，在律师进行调查取证时，相关人员和单位有必须配合的法律义务；然而，在一个法治社会中，每个人都有责任和义务维护法律的尊严和正义。虽然可以确保自己不犯罪，但无法保证自己不会被错误地指控或追究责任。如果在律师进行证据调查时，每个人都因为害怕卷入刑事诉讼而选择不提供真实的情况或者拒绝配合调查，那么社会的公正和安全将无法得到保障。侦查机关在收集证据时，通常依赖于法律赋予的强制力作为后盾。相比之下，律师在调查取证时，更多地依赖于全社会的法律信仰、法律意识以及对生命和人权的尊重。因此，为了维护一种公正和安全的社会环境，每个人都应该支持和配合律师的调查工作，共同促进法治精神的实践和传播。

在现实生活中，我们经常听到一些冤假错案的故事，这些故事让人痛心疾首，也让我们深刻地认识到一个公正的法律体系对于保护公民权益的重要性。律师作为法律的守护者，他们的工作不仅仅是为当事人辩护，更是在维护整个社会的正义和公平。在刑事诉讼的侦查阶段，律师依法开展调查取证工作，是其履行法定职责、保障犯罪嫌疑人合法权益以及维护司法公正的重要环节。然而，律师在此过程中所面临的困境远不止案件本身的复杂性，更有来自社会各方的压力与挑战。这些压力可能源自公众对律师角色的误解，或是对案件处理结果的过度关注，甚至是某些不当利益的干扰。这种现状在一定程度上阻碍了律师工作的顺利开展，进而影响司法程序的正常推进。

律师在侦查阶段的调查取证工作并非孤立存在，它与整个社会的法治环境息息相关。社会大众对律师工作的理解与支持，是推动法治社会建设的重要力量。只有当社会公众充分认识到律师调查取证工作对于查明案件事实、保障人权、维护司法公正的不可或缺的作用，才能在面对律师的调查取证时给予积极的配合。这种配合并非对律师个人的信任，而是对法治原则的尊重和践行。当社会大众能够主动配合律师的调查取证工作，法律体系才能在实践中不断完善，司法公正才能得以真正实现，社会的和谐与稳定也才能获得坚实的保障。

刑事诉讼作为对犯罪行为的法律制裁，在本质上是一种对犯罪者生命、财产、自由等基本权利的剥夺。在这一过程中，案件的复杂性往往使得关键证据成为决定性的因素。这些证据可能是一个简单的物证、目击者的证词，或者是一段视频记录，它们能够决定犯罪嫌疑人是否会被绳之以法，接受应有的惩罚。相反，同样的证据也可能揭示一个无辜者的清白，避免其被错误地定罪，甚至失去宝贵的生命。在刑事诉讼的舞台上，律师扮演着至关重要的角色，他们的责任是为那些被冤枉的人辩护，争取正义。然而，律师的工作并非孤立无援，他们需要在侦查阶段拥有调查取证的权利，这是法律赋予他们的职责。尽管如此，法律并没有规定其他人员和单位必须配合律师的工作，这在实际操作中往往成为律师辩护工作的一大障碍。

本书认为，要解决这一问题，首先需要加强全社会的法律意识培养。法律不仅仅是书面上的文字，它需要被每一个公民信仰和尊重。如果社会大众对法律缺乏基本的信任和尊重，那么法律就无法发挥应有的作用，成为一纸空文。此外，提高律师的地位和公众对律师的信任度也是至关重要的。律师作为法律的执行者和守护者，他们的专业性和公正性应当得到社会的广泛认可。只有这样，律师才能在刑事诉讼中更好地履行他们的职责，保护无辜者的权益，维护司法的公正和法律的尊严。

4.2 保障律师在侦查阶段收集的证据充分发挥作用

如果我们将刑事诉讼活动比作一场紧张刺激的拔河比赛，那么公安机关和检察院可以被看作绳子的一端，他们共同承担着指控犯罪嫌疑人的责任。而律师则位于绳子的另一端，代表着辩护方，他们的任务是通过收集和提供证据来维护当事人的合法权益。在这场力量的较量中，法院扮演的是一个中立的裁判员的角色，其职责是根据双方提供的证据来公正地判定输赢。本书认为，在这个过程中，律师收集证据的作用主要体现在两个方面。首先，律师通过收集证据可以有效地削弱控方的指控力度。在这方面，律师的工作重点是针对侦查阶段办案机关可能存在的非法证据问题。例如，如果律师能够发现并收集到有关办案机关在侦查过程中存在刑讯逼供、违法收集证人证言等不当行为的线索，那么他们可以据此提出非法证据排除的申请，从而削弱控方的指控力度。其次，律师收集的证据在说服法官方面也起着至关重要的作用。在刑事诉讼程序中，能够对每一个案件作出实质性决定的权力仅限于公检法三机关。尽管律师通过自己的努力收集到证据，但根据当前的司法体制，律师并不能直接基于这些证据作出实质性的决定。实际上，律师仅仅依靠在侦查阶段收集的证据来说服侦查机关和检察院是非常困难的。因此，关键点在于如何通过法院这一中立的裁判员来影响案件的最终判决。律师需要通过有力的证据和逻辑严密的论证来说服法官，使其相信辩护方的立场是合理和有力的，从而在法庭上为当事人争取到最有利的结果。

在2012年修改的《刑事诉讼法》中，律师在侦查阶段的调查取证权得到了明确的确立，这一变革性的进步不仅为律师提供了法律上的保障，而且极大地增强了他们在刑事诉讼中的地位和作用。同时，非法证据排除规则的确立，为确保司法公正提供了重要的法律工具。这些改变有效地扫除了律师在会见当事人、查阅案件材料等方面所面临的种种障碍，使得律师能够更加自由和深入地参与到案件的调查和审理过程中。随着这些法律规定的实施，律师在刑事诉讼这场紧张而复杂的拔河比赛中所拥有的实力得到了空前的提升。律师不再仅仅是法庭上的辩护者，而成为维护法律公正、保障当事人合法权益的重要力量。

与此同时，公检法三机关之间的关系也发生了显著的变化。律师在侦查阶段获得的调查取证权以及申请非法证据排除的权利，对整个刑事诉讼的格局产生了深远的影响。在法庭上，法官需要同时审视控方提供的证据和律师收集的证据。为了确保律师在侦查阶段收集的证据能够得到充分的利用，关键在于法院是否敢于对侦查机关提供的证据进行非法证据排除，以及是否敢于采纳律师在侦查阶段收集和了解到的证据材料。这要求法院必须能够承受来自各方的压力，严格地以事实为依据、以法律为准绳，确保在公安机关和检察院的强大压力下，正义的天平不会偏向控方。

在实际操作中，律师的这些新权利也面临着挑战。例如，律师在侦查阶段的调查取证工作可能会遭遇来自侦查机关的抵触和不配合，这要求律师不仅要有专业的法律知识，而且要具备一定的沟通和协调能力。此外，律师在收集证据时，必须严格遵守法律规定，确保收集的证据合法有效；否则，这些证据可能会在法庭上被排除，从而影响案件的公正裁决。因此，律师在侦查阶段的工作不仅需要勇气和智慧，而且需要对法律的深刻理解和严谨的态度。

在这样的背景下，律师与公检法三机关之间的互动变得更加复杂和微妙。律师必须在维护当事人权益的同时，与侦查机关和检察机关保持必要的沟通和协作，以确保案件能够顺利地推进。同时，法院作为司法公正的守护者，其在审查证据时的独立性和公正性显得尤为重要。法官需要在确保程序正义的同时，对控辩双方的证据进行细致的审查，以确保每一项证据都经得起法律和道德的检验。只有这样，才能真正实现法律的公平正义，让每一个公民都能在法律面前获得平等的对待。

在深入探讨我国刑事诉讼体系时，著者不禁感慨，法院在保障律师侦查阶段收集的证据充分发挥作用过程中，面临着不小的挑战。我国目前的刑事诉讼阶段划分过于僵化，缺乏灵活性，这在很大程度上限制了法院在侦查期间的司法审查职能。这种制度上的缺失，使得在侦查阶段律师的辩护作用难以得到充分的体现。律师调查取证活动的最终目的无疑是为法庭辩护提供有力支持。陈瑞华教授曾经深刻地指出，没有中立第三方参与的辩护，无法称之为真正意义上的法律辩护。因此，为了使律师在侦查阶段能够有效地发挥作用，以及确保律师收集的证据能够得到应有的重视，必须要有法院这样的中立第三方的参与。这无疑需要我国司法体制进行相应的改革，特别是建立一个司法审查制度，以适应这一需求。在我国，司法改革的步伐虽然缓慢，但已经有一些积极的尝试和探索。例如，一些地方试点了预审法官制度，试图在侦查阶段引入司法审查，以期打破现有的僵局。这些改革措施虽然在实施过程中遇到了不少困难和挑战，但它们为我国刑事诉讼体系的完善提供了宝贵的经验和教训。只有不断地探索和改进，我们才能逐步建立起一个更加公正、透明的司法体系，让律师在侦查阶段的工作能够得到应有的尊重和保障，从而更好地服务于司法公正和法治建设。

4.3　侦查阶段律师调查取证权的完善

近年来，一系列备受瞩目的刑事冤假错案的曝光引发了广泛关注，这些案件的细节令人震惊，让人不禁对办案机关的办案能力产生质疑。在对这些机关进行批评和怀疑的同时，我们应当冷静下来，深入地思考一个问题：这些冤假错案的背后存在何种原因？

经过深入细致的分析和研究，本书得出结论，这种情况的出现主要与我国长期以来所实行的垄断式侦查模式有着密切的关系。在侦查过程中，案件的情况通常都是极其复杂的，涉及各种各样的细节和线索。即使侦查人员具备再高的专业水平和能力，也很难全面掌握和了解案件的所有细节和情况。正如古人所言，“兼听则明”，在侦查阶段引入律师的参与，让律师进行调查取证，是非常有必要的。律师凭借专业知识和技能，能够从不同的角度审视案件，发现侦查人员可能忽略的细节，从而为案件的公正处理提供有力的支持。

2012 年我国修改《刑事诉讼法》后，确立了侦查阶段律师调查取证的权利。这一改革措施的实施，使得律师能够在侦查阶段介入案件，进行独立的调查取证工作。律师的介入和调查取证工作，能够更好地维护犯罪嫌疑人的合法权益，确保案件的公正处理。

然而，这一制度仍然存在一些不足之处，需要进一步完善和改进。例如，在实际操作过程中，律师的调查取证权仍然受到一定的限制，难以充分发挥其应有的作用。此外，侦查人员与律师之间的沟通和协作机制也需要进一步加强，以确保案件的顺利进行。只有通过不断地改进和完善制度，才能更好地保障犯罪嫌疑人的合法权益，实现司法公正。

本书认为，为了进一步地完善侦查阶段律师调查取证的权利，应该从以下三个方面着手进行改进。首先，为了确保犯罪嫌疑人的合法权益得到充分保障，必须加强律师在侦查阶段的参与度。这意味着律师应当能够在侦查工作刚刚开始时介入案件，而不是等到侦查工作已经进行到一定程度后才被允许参与。这样的早期介入将有助于律师及时地了解案件情况，为犯罪嫌疑人提供必要的法律咨询和帮助。其次，为了使律师能够更有效地收集证据，为犯罪嫌疑人提供有力的辩护，应当赋予律师更多的调查取证手段和资源。这包括但不限于访问案发现场、查阅相关证据材料以及与关键证人交流等。通过增加这些手段和资源，律师将能够更全面地了解案件事实，从而为犯罪嫌疑人提供更为有力的辩护。此外，为了确保侦查工作的公正性和透明度，还应该提高侦查机关与律师之间的沟通效率。这可以通过建立更为顺畅的沟通机制来实现，例如定期的案件进展通报、及时的信息共享以及双方的定期会晤等。通过这些措施，可以确保信息的透明度和及时性，避免由信息不对称导致的误解和冤案。最后，对于律师在侦查阶段的权利和义务，应当有明确的法律规定。这些法律规定应当详细地阐明律师在侦查阶段可以行使的权利，例如会见犯罪嫌疑人、查阅案件材料等；同时，应当明确律师在侦查阶段应当履行的义务，例如保守案件秘密、遵守法律规定等。通过这些明确的法律规定，可以保障律师在一个清晰的法律框架内开展工作，同时确保侦查工作的顺利进行，维护司法公正和效率。

在这一过程中，将重点关注以下四个方面。首先，加强司法人员的职业培训，提高他们的专业素养和道德水准，确保他们在办案过程中能够严格遵守法律法规，公正无私地对待每一个案件。其次，完善司法监督机制，确保每一个司法环节都能接受有效的监督，防止滥用职权和腐败现象的发生。再次，推动司法公开透明，让司法过程和结果能够接受社会公众的监督，增强司法公信力。最后，加强普法教育，提高公民的法律意识，使他们能够更好地维护自己的合法权益，同时能够更加理性地看待司法判决。

通过这些措施的综合施行，不仅能够减少冤假错案的发生，而且能够让司法公正的阳光照进每一个角落，让每一个公民都能感受到法律的公平与正义。这不仅是对犯罪嫌疑人权利的保障，而且是对整个社会法治环境的提升，更是对每一个公民法律意识的增强。只有这样，才能逐步构建一个更加公正、透明、和谐的法治社会，让每一个公民都能在法律的庇护下安心生活，共同创造一个更加美好的未来。

4.3.1 增加律师调查取证权的内容

在我国现行的《刑事诉讼法》框架下，侦查阶段律师调查取证的权利被明确为包括会见权、自行调查取证权以及申请调查取证权。然而，当我们对比国际上一些法治发达国家的法律体系后，不难发现我国在这一领域的立法尚存在一定的不足。特别是在侦查阶段，律师的在场权和阅卷权尚未得到法律的确立和保障。

著者深感这一立法空白对律师调查取证权利的限制，以及对犯罪嫌疑人权利保护的不利影响。立法者在制定法律时，似乎过于担忧侦查工作能否顺利进行，而忽视了律师在侦查阶段应有的权利，这种做法无异于因噎废食。法律的制定应当在惩罚犯罪与保障无辜之间找到平衡点。惩罚犯罪固然重要，但保障无辜者的合法权益同样不可或缺。因此，著者强烈建议，应当在法律中明确规定律师在侦查阶段的在场权和阅卷权，以此来确保犯罪嫌疑人的权利得到更加全面和有效的保护，从而让法律的天平更加公正地倾斜于正义的一方。

在侦查阶段，律师调查取证权的确立标志着一个重要的法律进步，它打破了长期以来侦查机关对整个侦查程序的独家控制和垄断。这一变革为犯罪嫌疑人提供了更为公正的法律保障，确保了辩护方在刑事诉讼中的权利。然而，在实际操作过程中，律师在侦查阶段的活动往往受到侦查机关或者检察院的限制和约束，而侦查机关和检察院依然几乎完全掌握着主导权，其行为和决策过程很少受到律师的有效制衡。造成这种不平衡格局的主要原因在于我国目前的法律体系中，在审判前的程序中并没有设置一个专门的律师介入和接待程序。缺少这样一个程序，律师难以在侦查阶段发挥应有的作用，无法充分地保障犯罪嫌疑人的合法权益，从而导致侦查机关和检察院在实际操作中占据了绝对的主导地位。

为了妥善地处理侦查阶段律师在场权和阅卷权的问题，必须建立一个专门的律师接待程序。这个程序将专门用来解决律师在侦查阶段介入后可能遇到的一系列问题，包括但不限于证据的提交、会见和阅卷的安排等。通过这样的安排，不仅能够打破刑事诉讼阶段之间过于严格的界限，从而提高整体的司法效率，而且能够有效地解决审前阶段控辩双方力量不均衡的问题。此外，它还能够为侦查阶段律师调查取证的权利提供必要的救济途径。更为重要的是，这样的措施能够最大限度地降低冤假错案发生的概率。实践已经证明，许多冤假错案的根源往往可以追溯到侦查阶段，这是因为该阶段的程序设计往往导致权力失衡，侦查机关的权力过于集中，缺乏有效的制约和平衡。

在当前的司法实践中，侦查阶段的律师介入常常受到限制，这不仅影响了犯罪嫌疑人的合法权益，而且使得案件的公正性受到质疑。律师作为法律专业人士，他们的参与对于确保程序正义和事实真相的查明至关重要。一个专门的律师接待程序能够确保律师在侦查阶段及时、有效地参与到案件中，从而为犯罪嫌疑人提供必要的法律帮助和保护。这样的程序能够为律师提供一个与侦查机关沟通的平台，确保双方能够在平等的基础上进行交流，从而避免了信息不对称和权力滥用的情况发生。通过这样的机制，能够更好地保障犯罪嫌疑人的合法权益，同时提升整个司法系统的透明度和公信力，最终实现法律的公正和效率的平衡。

4.3.2 赋予律师委托鉴定权

2012 年修改后的《刑事诉讼法》中一项关键的变动是将“鉴定结论”更改为“鉴定意见”。这一改变体现了法律对于证据性质认识的深化和进步。鉴定意见在刑事诉讼中扮演着至关重要的角色，它是由具有特定专业知识的人员根据公安机关、检察院或法院的指派或聘请所做出的。这些具有专门知识的人员，通常包括但不限于法医、痕迹专家、笔迹鉴定专家等。他们的意见对于案件的审理和判决具有重要的参考价值。由于鉴定意见的特殊性和专业性，司法机关对这一证据形式的委托权进行了严格的控制。在现行的法律框架下，司法机关拥有决定何时以及如何进行鉴定的权力。因此，当律师在侦查阶段需要对某些关键问题进行鉴定时，他们不能直接进行，而是必须向司法机关提出正式的申请。这样的规定确保了鉴定过程的正当性和鉴定意见的权威性，同时保障了诉讼双方的合法权益。

在 2012 年修改的《刑事诉讼法》中，特别增加了一项关于不负刑事责任的精神病人的强制医疗程序。这一程序详细地规定了强制医疗的主体，明确了公安机关和检察院在其中承担的义务。整个程序完全由公权力机关主导，律师在其中并没有委托鉴定权。这样一来，实践中可能会出现一些问题。由于律师无法参与鉴定过程，他们无法充分地了解和质疑鉴定结果的科学性和公正性。这可能会导致一些不负刑事责任的精神病患者被错误地强制医疗，或者一些应当被强制医疗的患者未能得到及时的治疗。因此，律师在强制医疗程序中的参与权和委托鉴定权显得尤为重要，以确保程序的公正性和患者的合法权益得到保障。

为了更好地理解这一程序的背景和可能存在的问题，可以进一步地探讨一些细节。首先，强制医疗程序的引入是为了保护社会安全，防止不负刑事责任的精神病患者在社会上造成危害。然而，这一程序的实施完全依赖于公权力机关的判断和决策，律师在其中的参与权被剥夺，这可能会导致一些程序上的不公。例如，律师既无法参与鉴定过程，也无法对鉴定结果提出质疑，更无法为患者提供专业的法律建议。这可能会导致一些患者被错误地强制医疗，或者一些应当被强制医疗的患者未能得到及时的治疗。

此外，强制医疗程序的实施涉及一些伦理和法律问题。例如，如何平衡社会安全和患者权益的关系？如何确保强制医疗的公正性和科学性？这些问题都需要在实践中不断地探讨和解决。因此，律师在强制医疗程序中的参与权和委托鉴定权显得尤为重要，只有通过律师的参与和监督，才能确保程序的公正性和患者的合法权益得到保障。

在我国《刑事诉讼法》框架内，明确规定了律师在侦查阶段承担的一项重要职责，即如果他们能够收集到犯罪嫌疑人可能患有精神疾病的证据，必须及时向侦查机关提交这些证据。然而，这里出现了一个关键问题：如果律师本身没有委托进行精神鉴定的权利，那么他们如何能够确定当事人是否真的患有精神疾病呢？毕竟，精神疾病的诊断需要专业的精神科医生出具，而不是仅仅依靠律师的主观判断。

因此，从这个角度来看，本书认为，为了确保《刑事诉讼法》的相关条文能够真正地发挥作用，而不是成为一纸空文，必须赋予律师在侦查阶段委托进行精神鉴定的权利。只有这样，律师才能在侦查阶段有效地提出当事人可能患有精神疾病的证据，从而确保案件的公正处理；否则，如果律师无法委托进行精神鉴定，那么他们在侦查阶段将无法提供有力的证据来证明当事人是否患有精神疾病，这将严重地影响《刑事诉讼法》的实施效果。

此外，赋予律师委托鉴定权还有助于保障犯罪嫌疑人的合法权益。在许多情况下，犯罪嫌疑人可能出于种种原因无法自行委托精神鉴定，而律师的介入则可以弥补这一缺陷。通过律师的委托，精神鉴定的结果可以更加客观、公正地呈现，从而为法庭提供更为可靠的依据。这样一来，不仅能够确保犯罪嫌疑人的合法权益得到保护，而且能够提高整个司法程序的透明度和公信力。

综上所述，赋予律师在侦查阶段委托进行精神鉴定的权利，不仅是对《刑事诉讼法》条文的完善，更是对司法公正和人权保障的有力支持。只有这样，《刑事诉讼法》中的相关条文才能真正落到实处，发挥其应有的作用，而不会变成一纸空文。

4.3.3 规定律师调查取证的措施和完善申请调查取证权

我国现行的《刑事诉讼法》及相关司法解释中，并未明确而详细地规定律师在侦查阶段进行调查取证的具体方法和措施。律师在侦查阶段的调查取证权主要体现在以下两方面。一是经证人或其他单位和个人同意。我国现行的《刑事诉讼法》第四十三条规定，辩护律师经证人或者其他有关单位和个人同意，可以向他们收集与本案有关的材料。二是申请司法机关协助。律师在侦查阶段如果因证人或其他单位和个人不同意而无法收集证据，可以申请人民检察院、人民法院收集、调取证据。此外，根据最高人民法院的司法解释，辩护律师申请向被害人及其近亲属、被害人提供的证人收集与本案有关的材料，人民法院认为确有必要的，应当签发准许调查书。

需要注意的是，我国现行的《刑事诉讼法》及相关司法解释并未明确规定律师在侦查阶段可以采取录音录像的方法收集证据，也没有规定必须在两名律师在场的情况下进行。律师在侦查阶段的调查取证行为应当以被调查人的同意与配合为前提，且在必要时可以申请司法机关协助，以确保证据收集的合法性和规范性。

在过去的司法实践中，律师在收集证据时常常只有两个人在场，这导致一些问题。例如，当律师被指控涉嫌伪证罪或妨害作证罪时，由于缺乏第三方的监督和证明，公说公有理，婆说婆有理，根本无法进行有效的质证。这种情况不仅影响了案件的公正处理，而且给律师自身带来了潜在的风险。

现在，随着公安机关在执法规范化建设方面的不断推进，律师在刑事诉讼中的地位和作用也日益凸显。为了更好地完成辩护工作，同时确保自身的安全，律师在收集证据时必须严格按照规范进行操作。这不仅有助于提高证据的可信度和合法性，而且可以有效地避免由证据收集不当引发的法律纠纷。

为了进一步地加强对处于侦查阶段律师的保护，建议立法规定律师在场时的录音录像措施。这种措施不仅能够确保证据收集的透明度，而且能够为律师提供一种有效的自我保护手段。通过录音录像，律师可以记录整个证据收集的过程，从而在必要时提供有力的证据来证明自己的清白。

此外，两名律师在场的规定也有助于提高证据收集的公正性和客观性。当两名律师共同参与证据收集时，他们可以相互监督，确保整个过程的合法性和规范性。这样一来，即使在面对指控时，律师也能够提供有力的证据来证明自己的行为是合法和正当的。

总之，通过这些规范化的措施，律师在侦查阶段的调查取证工作将更加规范和安全。这不仅有助于提高刑事诉讼的公正性和效率，而且能够更好地保护律师的合法权益。随着执法规范化建设的不断深入，律师在刑事诉讼中的作用将越来越重要，而规范化的证据收集方法也将成为确保司法公正的重要保障。

需要注意的是，在我国现行的《刑事诉讼法》中，律师在审判阶段享有向检察院和法院提出申请，要求进行调查取证的权利。然而，法律条文中并未明确地指出，在侦查阶段律师是否也具备同样的权利。本书认为，为了确保刑事诉讼的公正性和完整性，应当在《刑事诉讼法》中明确地规定律师在侦查阶段也具备向检察院和法院申请调查取证的权利。这样的规定将有助于律师更有效地为犯罪嫌疑人提供法律援助，确保案件的全面调查和证据的充分收集。

此外，为了进一步地保障调查取证的客观性和公正性，应当规定由法院和检察院中具体负责办理案件以外的独立机构和人员来执行调查取证工作。这样的安排可以避免利益冲突，确保调查取证的独立性和公正性，从而提高整个刑事诉讼过程的透明度和公信力。例如，在某些案件中，律师可能需要获取一些关键证据，但这些证据可能被控方所掌握，此时律师若能向检察院和法院提出申请，将有助于平衡控辩双方的力量，确保案件的公正审理。

进一步地说，明确侦查阶段律师的申请调查取证权，不仅有助于保障犯罪嫌疑人的合法权益，而且能够增强整个司法体系的公信力。若律师能够在侦查阶段积极地参与案件的调查取证工作，则他们可以更早地发现问题、提出质疑，并为犯罪嫌疑人争取到更多的法律保障。这不仅有助于防止冤假错案的发生，而且能够提升公众对司法公正的信任度。

综上所述，本书认为，我国《刑事诉讼法》应当在侦查阶段明确律师的申请调查取证权，并规定由具体办理案件以外的机构和人员进行调查取证。这样的改革将有助于完善我国的刑事诉讼制度，确保司法公正，提升司法公信力，从而更好地维护犯罪嫌疑人的合法权益。

4.3.4 建立证据保存制度

著者在域外律师证据调查制度的考察过程中，深刻地感受到我国在证据保存方面存在一些亟待解决的问题。这些问题在前文已经进行了详细的叙述和分析。鉴于整个刑事诉讼过程都是以证据为核心展开的，考虑到我国目前在证据保存方面的不完善之处，著者坚信，有必要建立一种专门的证据保存制度，以确保司法公正和效率。

例如，在一些发达国家，证据保存制度已经非常成熟，他们拥有先进的技术手段和严格的管理流程，确保了证据的完整性和可靠性。这些国家通过高科技手段（如数字化存储和生物识别技术）来保护证据不受污染和破坏。同时，他们还建立了完善的监督机制，确保每一个证据的保存和使用都符合法律规定。反观我国，虽然近年来在法律体系的完善上取得了显著的进步，但在证据保存的实际操作中，仍然面临着技术落后、管理不规范等问题。这些问题不仅影响了案件的审理速度，有时甚至会对案件的公正性造成影响。例如，证据的丢失或损坏时有发生，这不仅给案件的审理带来了困难，而且降低了人民群众对司法公正的信任感。因此，著者认为，建立一种专门的证据保存制度，不仅能够提升我国刑事诉讼的整体水平，而且能够增强人民群众对司法公正的信任感。通过这样的制度，可以确保每一个证据都能得到妥善的保存和管理，从而为司法公正提供坚实的基础。

在刑事诉讼侦查阶段，律师的角色至关重要，他们不仅要负责收集各种证据，而且要确保这些证据能够得到妥善的保存，以保障当事人的合法权益。为了实现这一目标，2012 年修改的《刑事诉讼法》中明确规定，律师在侦查阶段收集到的证据必须提交给侦查机关。侦查机关为了确保这些证据的安全和完整性，专门设立了证据保存室。然而，本书认为，为了进一步地提升证据保存的公正性和可靠性，无论是侦查机关还是律师收集到的证据，都应当由一个中立的第三方机构来负责保存。这个中立方理应是法院本身。法院可以建立专门的证据保存室，对证据进行细致的分类，并且明确保存的时间限制，以便于未来的查阅和审查。通过这样的制度安排，不仅可以显著地提升律师在调查取证方面的积极性，而且对于确保司法公正具有重要的促进作用。此外，这种证据保存制度对于调查和纠正冤假错案也发挥着不可替代的作用。由于刑事案件的特殊性，一旦发生，其过程是不可逆转的，只能通过收集和保存的证据来还原和理解案件的真相。因此，证据的收集工作固然重要，但证据的妥善保存更是关键，它直接关系到案件能否得到公正的审理和判决。

5 侦查阶段律师调查证据的方法

前面从司法理念、律师调查取证制度的运行环境以及保障等外部因素进行了系统的考察，下面从主体的视角，即律师在进行证据调查时如何思考的角度，从思维与方法的角度对律师的证据调查活动进行分析。与侦查证据调查相比，律师证据调查在路线、方法与思维方面有哪些区别？背后的价值与诉讼目的是否存在矛盾与冲突？这些都是需要厘清的问题。

总体而言，律师调查取证主要是解决事实问题。在司法实践中，特别是在刑事司法实践中，90% 的问题都是事实问题，法庭审判中控辩双方主要围绕事实争议展开，律师在这些活动中涉及两个核心问题：一是如何发现有利于被指控对象的证据；二是如何根据这些证据形成己方的事实主张。

纵观我国当前的一些司法理念，比如不枉不纵，作为追求真实的一种价值追求，其正当性和正确性显然是无可置疑的。然而，这种价值目标如果没有方法作为支撑，就会变得不可捉摸。因为离开了方法，这些口号式的价值目标就会变成一句正确的空话。比如，在司法实践中，基于同一套证据做出的所谓铁案，多年以后发现是冤案，归根结底，都是因为控辩双方乃至法院没有解释如何进行证据调查的方式，没有论证应当以某种特定方式进行证据分析。因此，作为律师，应当掌握一系列调查、组织和分析证据的方法，对各种调查思路以及调查时可运用的各种信息整合方法进行研究。

5.1 侦查阶段律师调查取证的思路

5.1.1 侦查阶段律师的调查思维

在侦查阶段，律师与侦查机关的职能存在明显差异。侦查机关作为公权力的代表，负责对案件事实进行调查，收集证据。律师则为犯罪嫌疑人提供法律帮助，监督侦查活动的合法性。2018 年修改的《刑事诉讼法》第一百一十五条要求公安机关对已经立案的刑事案件，应当进行侦查，收集、调取犯罪嫌疑人有罪或者无罪、罪轻或者罪重的证据材料。应当说，在立法上，从理想主义的应然角度对侦查机关全面收集证据做了明确的要求，但是在侦查实践中，侦查机关面临角色的冲突，因为侦查思维主要是有罪假设的溯因推理，其主要任务是发现有罪的证据，发现有犯罪嫌疑的人员，这种思维惯性往往会忽视犯罪嫌疑人无罪或者罪轻的证据。从字面意义上理解，律师调查与公安人员侦查有所区别，但是二者对应的英文单词都是 investigation，侦查与调查都与真相相关，都与证据相关，因为根据证据之境原理，证据是通往事实真相的唯一桥梁。

那么律师调查取证与事实真相是何种关系呢？如果说侦查取证与律师取证都是为了真相，那么二者的目标是一致的，但这却严重违背了律师的辩护职能。对此，需要从二者的思维路线进行剖析，律师的调查思维路线是沿着收集犯罪嫌疑人无罪或者罪轻的路线进行的，而警察的侦查思维是沿着收集犯罪嫌疑人有罪的路线进行的。从这个角度来看，侦查阶段的律师调查取证能够打破侦查工作的封闭性，形成一种与侦查相竞争的事实调查机制。这有助于避免单一有罪假设带来的风险，从而防范冤假错案的发生，同时增强了有效辩护的实质性内容，防止刑事诉讼活动沦为单方面的形式化过程。从推理的路线来看，律师调查思维与侦查思维在形式上，即思维路线上没有本质的区别。二者的区别在于彼此的立场不同。

在深入探讨侦查阶段律师调查取证与事实真相之间的复杂关系时，我们必须认识到，尽管侦查取证与律师取证在表面上看似追求同一个目标——揭示案件的真相，但二者在实际操作中却有着根本的差异。律师在进行调查取证时，其思维路线是积极地寻找和构建犯罪嫌疑人无罪或者罪轻的证据链，这种调查方式是基于对犯罪嫌疑人权益的尊重和保护。律师的调查取证工作，就像是在侦查机关已经形成的有罪假设的框架之外，开辟出一条新的探索路径，这条路径旨在揭示案件的另一面，为犯罪嫌疑人提供全面的辩护机会。

与此同时，侦查机关的调查取证侧重于收集能够证明犯罪嫌疑人有罪的证据，这种取证方式是基于对犯罪事实的认定和对法律的执行。侦查机关的取证工作往往是在一个预设的有罪框架内进行的，其目的是构建起能够支持公诉的证据体系。然而，这种单一的有罪假设思维模式可能会导致对案件的片面理解，甚至可能产生误判。

律师调查取证的介入，为侦查阶段带来了一种竞争性的事实调查机制。这种机制的存在，不仅能够避免侦查机关因单一视角而产生的偏见，而且能够为犯罪嫌疑人提供更加全面和客观的辩护机会。律师的调查取证工作，通过收集和分析各种可能的证据，包括那些可能被侦查机关忽视的无罪或者罪轻证据，为法庭提供了一个更加均衡和多元的案件视角。这样的调查取证工作，不仅有助于揭示案件的全貌，而且能够有效地防止冤假错案的发生，确保刑事诉讼活动的公正性和有效性。

从推理的路线来看，律师调查思维与侦查思维在形式上可能没有本质的区别，但其背后的立场和目的却大相径庭。律师的调查取证工作是站在辩护的立场上，通过全面的调查和取证，为犯罪嫌疑人争取到应有的法律保护和公正对待。这种工作不仅体现了法律对个体权利的尊重，而且展现了法治社会中对公正和正义的不懈追求。

5.1.2 侦查阶段律师调查证据的思维过程

下面从具体的思维过程着手，剖析调查思维的具体过程。

首先，是根据经验形成初步的案件理论，控方有自己的案件理论，辩方也有自己的案件理论。具体而言，案件理论就是关于案件的事实主张。就案件事实而言，控辩双方对过去发生的事件都没有亲身知识，那么针对控方提出的指控对象，双方都有这个疑问：这个犯罪嫌疑人真的就是实施该犯罪的人吗？作为辩护律师来说，你是愿意相信控方的指控还是愿意相信该嫌疑人是无辜的？

在这样的疑问下，辩护律师需要基于经验和专业知识，对案件进行深入的分析和研究。从各种可能的证据入手，无论是物证、书证还是证人证言，都会进行仔细的甄别和评估。在这个过程中，律师会不断地质疑和反思，试图找到控方证据中的漏洞和不合理之处，同时会积极寻找有利于嫌疑人的证据，以构建自己的案件理论。

初步的案件理论形成后，辩护律师并不会止步于此。他们会不断地调整和完善自己的理论，以应对控方可能出现的各种反驳和质疑。在这个过程中，律师的逻辑思维和批判性思维将得到充分的展现，他们需要通过严密的推理和论证来支持自己的观点和立场。

其次，辩护律师需要排除或者确定假设。他们会通过收集和分析更多的证据来验证或推翻之前的假设。在这个过程中，律师可能会发现新的线索，这些线索既可能指向真正的犯罪嫌疑人，也可能证明嫌疑人无罪。对于每一个新的证据或线索，律师都会进行严格的审查，确保其真实性和可靠性，避免被误导或陷入错误的推理中。通过不断地排除或确定假设，辩护律师能够逐步接近真相，为嫌疑人提供更加有力的辩护。在这个过程中，律师还需要保持开放的心态，随时准备接受新的信息和观点。毕竟，案件往往比想象中更为复杂，真相也可能隐藏在看似无关紧要的细节之中。因此，辩护律师需要时刻保持警惕，不断地拓宽自己的思维边界，以应对可能出现的各种情况。

同时，律师还需要注重团队合作，与其他专业人士进行交流和讨论。毕竟，每个人的思维方式和经验都有所不同，通过团队的协作和互补，能够更全面地分析案件，发现更多的线索和证据。这种团队合作的精神也是辩护律师在侦查阶段调查取证中不可或缺的一部分，但是，这仅仅是理想状态，因为律师辩护往往区别于侦查机关的大兵团集体作战，律师通常是单打独斗对抗强大的国家公权力机关的集体决策。

在侦查阶段律师调查证据的思维过程中，排除或确定假设是一个至关重要的环节。通过不断地收集和分析证据，保持开放的心态，注重团队合作，辩护律师能够逐步接近真相，为嫌疑人提供更加有力的辩护，确保司法公正和正义的实现；否则，律师只能面对强大的公权力机关的有罪指控见招拆招。著名的德肖维茨定律表明了一种观点：除非对自己有利，没有人需要正义。在刑事诉讼中，当真相不利于辩护律师的当事人时，是否意味着律师不必追求真相的发现，从而认为律师此时没有调查取证的必要？

事实果真如此吗？关于这一点，有学者认为，打官司除了打证据，还可以釜底抽薪，打程序。其实，打程序也需要证据支撑，那么，此时律师在证据调查方向上可以做出调整，不再关注事实真相，而是应当关注侦查机关是否存在非法取证的调查，即调查取证的方面是控方证据的合法性，而不再关心证据的关联性问题。

5.2　侦查阶段律师调查取证的方法

调查思维涵盖对各种推理和假设的构建，以及对这些推理和假设进行支持或反驳的证据收集与分析过程。逻辑学家通常将这些思维方法概括为“溯因推理”和“逆推法”。

5.2.1　溯因推理

在人类思想史上，溯因的思想是普遍存在的。在西方哲学史中，有过很多关于世界本原的探讨，水火土气都曾被当作世界的本原，那么到底世界的本原是什么？其实，哲学大师也不知道，但是，如果一开始你就这么思考和追问，那么溯因的思想就产生了，所以，从这个意义上讲，溯因是人的本能。关于溯因推理思想的讨论，人类历史上出现过很多典型的代表，如被称为“逻辑学之父”的亚里士多德在《前分析篇》提到的关于“还原、重构”的思想，休谟对因果关系的思想，康德在《纯粹理性批判》中关于因果关系的思想，以及皮尔士的溯因推理思想，汉森在溯因推理的基础上提出《发现的模式》，哈曼更是将溯因推理与最佳解释推理等同起来。由此可见，溯因推理无论是作为一种思维方式还是一种逻辑方法，都是世界顶级学者共同关注的话题，包括现在的人工智能领域的溯因推理研究。

所有这些研究都面临一个共同的问题，即当我们对某种现象的原因进行追溯时，这种新的想法来自哪里？这种新想法是如何产生的？这是千百年来人类各个领域面临的共同难题。根据现有的记录，亚里士多德似乎是第一个对科学新思想或者新想法的产生或发现感到困惑的人。当我们产生新的想法以及对这些产生新想法的证据进行检验时，发生的推理形式有相当多的争论，大多数人认为这些想法来自两种形式的推理：一是演绎推理，即某个事情绝对是真的；

二是归纳推理，即某个事情可能是真的。亚里士多德对这种产生新想法和假设的行为的描述被称为直觉归纳。皮尔士认为，这种新的想法既不是来自演绎推理，也不是来自归纳推理。“自亚里士多德以来的几千年里，许多人试图解释发现假说、产生新想法的过程，以及这个过程与现有假说或想法被证明的过程有何不同”。总结起来，这个世界共同面临的难题可以概括为关于新思想、新假设、新证据是如何产生和发现的？舒姆发现这个难题可以用来自澳大利亚哲学家戴维·罗杰·奥尔德罗伊德的《知识的拱门——科学哲学和科学方法论历史导论》这本书中的“ an arch of knowledge”（知识的拱门）来比喻，舒姆将这个科学领域的“知识的拱门”引用到法律领域遇到的新思想、新假设、新证据的发现难题中[27]。

首先是溯因推理。其实，从形式逻辑的角度讲，就整个刑事诉讼而言，都可以看成一个大的溯因推理过程，整个刑事诉讼活动都在解决是谁实施了犯罪行为的过程。我们先谈谈溯因推理基本原理，溯因推理又称设证推理，溯因推理是一种从结果出发，推测出事件发生原因的过程，即从已知情况出发，通过提出、检验假设来认识其发生原因、情况的推理形式。溯因推理是通过已有数据信息回溯性地认知过去发生的事件，形成关于事件的假设，因而具有创造性；溯因推理还包含对假设的比较和选择，从中选择最佳解释。一个假设的多个推论可能不会全部被证实，也不会全部被证伪。在这种情况下，需要办案人员不断地对假设进行修正或者提出新的假设，逐步接近真相。

其次是溯因推理基本形式。溯因推理的单一推理形式是：发现（令人惊奇的）事件 E，提出假设“如果 H 是真的，那么事件 E（可能）会发生”。在一些情况下，H 若为真，事件 E 会发生。根据现象 E，则可推出 H 可能发生。

溯因推理的复合推理形式是：我们观察到线索 E*（E* 是事件 E 发生的证据）；

G1：如果 H 是真的，那么事件 E 可能发生；

G2：如果 J 是真的，那么事件 E 可能发生；

G3：如果 K 是真的，那么事件 E 可能发生。

再次，溯因推理的操作步骤如下：

第一步，观察或收集一些证据或者线索。

第二步，基于这些证据或者线索提出假设。

第三步，通过进一步的解释和比较分析那些假设是否合理。

第四步，若存在多个合理的假设，则需要进一步地分析何种假设是最佳的。

第五步，得出最佳的假设。

最后是溯因推理需要注意的事项。进行溯因推理时，需要注意以下六点。

一是归纳证据。首先，需要收集所有可能的证据，这些将成为推理的前提。不充分或片面的证据可能会导致得出的结论偏离真实情况。但是问题在于，无论是侦查人员还是律师都不可能收集到所有的证据，证据具有不完整性。

二是提出假说。基于这些证据提出一个可以解释现象的假说。这一步需要直觉和广泛的经验知识积累。然而，假说的提出并非一蹴而就，它可能受到个人偏见、先入为主的观念或者有限信息的误导。因此，在提出假说时，要尽量保持开放的心态，避免过早地锁定某一特定解释，同时要对其他可能的解释保持敏感和警惕。

三是检验假说。提出的假说是对现象发生原因的试探性推测，具有或然性，因此需要进一步地进行实证检验。需要注意的是，假说的验证可能需要反复进行。从律师调查取证的角度来看，检验假说的过程如同在错综复杂的案件迷雾中寻找真相的线索。律师首先根据案件的初步信息和已知事实，提出关于案件事实的假说，例如犯罪嫌疑人的动机、行为轨迹以及事件发生的经过等。这些假说往往是基于经验、逻辑推理以及对当事人陈述的初步分析得出的，但它们仅仅是一种试探性的推测，具有或然性，因此需要进一步的实证来加以验证。

在实际操作中，律师依据这些假说制订详细的调查取证计划。例如，如果假说认为犯罪嫌疑人是为了经济利益而实施犯罪行为，那么律师会重点收集与嫌疑人经济状况相关的证据，如银行流水、财务报表、交易记录等，以证明其是否具有经济动机。同时，律师还会寻找与案件相关的证人，通过询问证人来获取关于嫌疑人行为和案发情况的陈述，这些陈述可能支持或反驳假说。此外，律师还会对案发现场进行细致的勘查，寻找物证，如指纹、脚印、监控录像等，这些物证能够客观地反映案件发生时的情况，为假说提供有力的支持或反驳的依据。

然而，假说的验证并非一蹴而就，往往需要反复进行。在调查过程中，新的证据可能会不断出现，这些新证据可能会对原有的假说产生冲击，甚至完全推翻它。例如，律师在调查过程中发现了一段新的监控录像，显示嫌疑人在案发时并不在现场，这就需要律师重新审视原有的假说，调整调查方向，重新构建新的假说，并再次进行验证。这个过程可能会多次重复，直到所有的假说都经过充分的检验，证据链条完整且相互印证，最终形成一个清晰、准确且具有说服力的案件事实还原。

四是非单调性特点。溯因推理的一个重要特点是非单调性，即相同的前提可能会推导出不同的结论。因此，在应用溯因推理时，需要灵活地运用，并时刻准备修正自己的思考和理解。这种非单调性意味着推理过程并非线性推进，而是随着新信息的加入或旧信息的重新解读而不断变化。例如，当新的证据出现时，原本看似合理的结论可能被推翻，或者需要重新调整以适应新的情况。这就要求推理者不能固守已有的结论，而是要保持开放的心态，随时准备根据新的证据调整甚至重构假说。

此外，非单调性还体现在不同推理者可能基于相同的证据得出不同的结论。这种差异可能源于推理者的知识背景、经验、思维方式以及对证据的解读方式。因此，在进行溯因推理时，不仅要关注证据本身，而且要意识到推理过程中的主观性因素。通过与其他推理者交流和讨论，可以拓宽视野，发现可能被忽视的视角和解释，从而更全面地理解问题。

同时，非单调性也提醒律师在推理过程中要注重证据的动态性和多样性。不能仅仅依赖于初始收集到的证据，而要持续关注可能出现的新证据或新信息。这些新信息可能会打破原有的推理框架，促使律师重新审视问题的本质。因此，推理者需要建立一种动态的证据收集和评估机制，以便及时地调整推理方向。

非单调性还要求律师在得出结论时保持谨慎。由于相同的前提可能推导出不同的结论，因此，在没有充分证据支持的情况下，不应轻易地断言某一结论的绝对正确性。相反，应该以假设的形式提出结论，并明确指出其可能的局限性和不确定性。这种谨慎的态度不仅可以避免由错误结论带来的误导，而且能够为后续的验证和修正提供空间。

非单调性是溯因推理的重要特征，它要求推理者在推理过程中保持高度的灵活性和开放性，随时准备根据新信息调整自己的思考和理解。只有这样，才能在复杂的推理环境中逐步逼近真相，得出更为可靠与合理的结论。这也是辩护律师或者侦查人员在运用溯因推理时导致认知偏差和得出相反的推理结论的原因。

五是注意最佳解释。溯因推理的目标是得到最佳解释。也就是说，当有了一系列推论后，需要判断哪一个假说最能够解释所有已知的事实。最佳解释并不是指绝对的真理，而是在现有证据和知识框架下，最合理、最符合逻辑且能够涵盖所有相关现象的假说。这一过程需要综合考虑多个因素，以确保所选假说的可靠性和说服力。

首先，最佳解释应当具有一致性。这意味着假说不仅要与已知事实相符合，而且不能与现有的科学理论、常识或其他已被广泛接受的知识体系相冲突。如果一个假说在解释某一现象时，违背了基本的物理定律或逻辑原则，那么它就很难被视为最佳解释。例如，在医学诊断中，一个假说如果违反了已知的病理生理学原理，那么它就需要进一步地修正或被其他更合理的假说替代。

其次，最佳解释需要具备简洁性。根据奥卡姆剃刀准则，如果多个假说都能解释同一现象，那么最简单的假说往往是最佳选择。简洁性并不意味着忽略细节，而是指在不遗漏重要信息的前提下，避免不必要的复杂性和假设。过于复杂的假说可能会引入更多的不确定性和难以验证的元素，从而降低其可信度。例如，在刑侦案件中，一个简单的犯罪动机可能比复杂的阴谋论更符合实际情况，除非有确凿的证据支持后者。

再次，最佳解释需要有预测能力。一个好的假说不仅应该能够解释已知的事实，而且应该能够预测尚未发现的其他相关现象。如果一个假说能够成功地预测新的事实或结果，并且这些预测在后续的验证中得到证实，那么这个假说的可信度就会大大增加。例如，在科学理论的发展中，牛顿的万有引力定律不仅解释了天体运动的已知规律，而且成功地预测了其他天体的运行轨迹，从而成为经典力学的核心理论。

此外，最佳解释还需要考虑证据的权重。并非所有证据都具有相同的说服力，有些证据可能更具决定性，而有些则可能是间接的或辅助性的。在评估假说时，需要对不同证据的重要性进行合理判断，确保最终选择的假说能够最有效地解释关键证据。例如，在法律案件中，直接证据（如监控录像、物证）往往比间接证据（如证人证言）更具有说服力，因此，在选择最佳解释时，需要充分考虑证据的性质和可信度。

最后，最佳解释还需要经过同行评审和批判性检验。在科学、法律或其他需要严谨推理的领域，一个假说是否为最佳解释，往往需要经过其他专业人士的评估和质疑。通过公开讨论和批判性检验，可以发现假说中的潜在问题，进一步地完善或修正假说，从而提高其可靠性。例如，在学术研究中，同行评审是确保研究成果质量的重要环节，通过这一过程，研究者可以发现自己的不足，吸收他人的意见，最终得出更完善的研究结论。

最佳解释是溯因推理的核心目标，它要求推理者在众多可能的假说中，通过一致性、简洁性、预测能力、证据权重和批判性检验等多方面的评估，选择出最合理、最可靠的假说。这一过程不仅需要严谨的逻辑思维，而且需要开放的心态和对新信息的敏感度。只有这样，才能在复杂的推理环境中找到最接近真相的解释。

六是适用范围。溯因推理源于人的本能和直觉，无法像经典的演绎逻辑那样建立规范化的推理模式，但非单调性特点使其可以在证据调查、犯罪嫌疑人确定、犯罪现场勘察等活动中被广泛地应用。对于侦查人员而言，溯因推理是犯罪现场勘察和案件分析的重要工具。例如，在犯罪现场勘察中，侦查人员需要通过观察现场痕迹、物证等现象，推测犯罪行为的性质、作案人数、作案工具和作案动机等。这种推理过程往往需要结合现场的多种信息，提出多个可能的假说，并通过进一步的证据收集和验证来确定最佳解释。

对于律师而言，溯因推理同样具有重要的应用价值。在刑事辩护中，律师需要对公诉方提供的证据进行分析，通过溯因推理找出证据之间的矛盾或不合理之处，从而质疑证据的可靠性和完整性。例如，律师可以分析监控视频的清晰度、证人证言的可信度以及被告人供述的真实性，从中发现疑点，进而构建合理的辩护策略。此外，律师还可以利用溯因推理对案件的证据链进行综合分析，提出可能的替代解释，为被告争取更有利的判决。

在证据调查方面，无论是侦查人员还是律师，都需要运用溯因推理来处理复杂的证据关系。例如，在法庭外的调查中，律师可以通过对证据的初步分析，推测案件的可能走向，并据此制定调查策略。在审判阶段，律师需要对证据进行更细致的分析和论证，通过溯因推理揭示证据背后的因果关系，为法庭提供更全面的视角。

溯因推理在侦查和法律领域都具有广泛的应用价值。它不仅帮助侦查人员从复杂的现场信息中寻找线索，而且为律师提供了分析和质疑证据的有效工具。通过合理地运用溯因推理，法律从业者能够更接近案件的真相，从而更好地履行自己的职责，因此，从某种意义上，可以说整个刑事诉讼活动就是一个大的溯因推理过程。

5.2.2 溯因推理在律师证据调查分析中的作用

溯因推理作为一种方法，并非在犯罪调查活动中独有，在任何人类探究原因和真相的活动中，溯因推理的方法和思维都是普遍存在的。应当说溯因推理方法在各个领域的运用比比皆是，我们在生活中常会看到一些令人惊奇的现象。在面对这些现象时，我们往往会试着寻找引起这些现象的原因，做出合理的解释，这时一般会采用溯因推理的方法。例如，某座城市的地面出现了又大又深塌陷的地坑，有人将这种地质现象解释为地震的前兆，结果引起了人们的恐慌。这种通过猜测或假设来解释已知事实结果的推理过程就是溯因推理的过程，但最典型的也最能引起人们普遍关注的可能是犯罪侦查中探究犯罪真相的溯因推理。一方面是因为人的好奇心，这就是为什么侦探悬疑类电影和小说总是那么受欢迎；另一方面是因为犯罪调查关乎公民个人的安危和切身利益，关系到公民不被随意地卷入冤狱。从更大的社会整体视角讲，犯罪调查领域的推理关乎整个社会的公平正义，在其他领域，如社会科学、自然科学领域，溯因推理的容错性是比较高的，甚至是有益的，因为我们能从错误中总结经验，但犯罪侦查领域的溯因推理犯错误的代价却是惨烈的。所以，从这个意义上说，犯罪调查领域的溯因推理是一把双刃剑，如果这把剑太锋利，那么可以更好更快更多地发现犯罪，并打击犯罪；但同时，也可能会伤及无辜。如果这把剑太钝，那么真凶就会逍遥法外，社会正义可能得不到伸张，那些被犯罪侵害的社会公众就会质疑保护他们切身利益的公权力，而采取自力救济，公民可能开启国家和社会不允许的以牙还牙、以血还血的私人复仇方式。

从目前刑事实务界披露的冤案来看，都可以归结于溯因推理方法运用中出现了问题，但是应当认识到的是，在侦查过程中，办错案是不可能避免的，这是由溯因推理方法的特性决定的。总体而言，溯因推理在证据调查中的作用分为从信息点生成多个假设、论证和解释假设、分析证据并形成推理的结果。

5.2.2.1 生成假设的理论

建立假设要将与犯罪事件有关的“事实碎片”拼接、黏合在一起，形成一个关于犯罪事件的完整的“图景”。而将“事实碎片”拼接起来的基本理念就是P—H—D循环，什么是P—H—D循环呢？P代表问题（problem），H代表假设（hypothesis），D代表演绎（deduction），P—H—D循环是指在建立假设过程中，根据案件事实材料发现问题、提出解决问题的假设并以假设为依据进行演绎推论，再对演绎出的结论进行检验，最后解决问题的一种侦查循环模型。在此循环模型中，发现问题（P）、提出假设（H）以及演绎推理（D）是最为重要的三个环节，因此将这些关键环节提取出来，形成了“P—H—D循环”模型，见图5－1所示[28]。

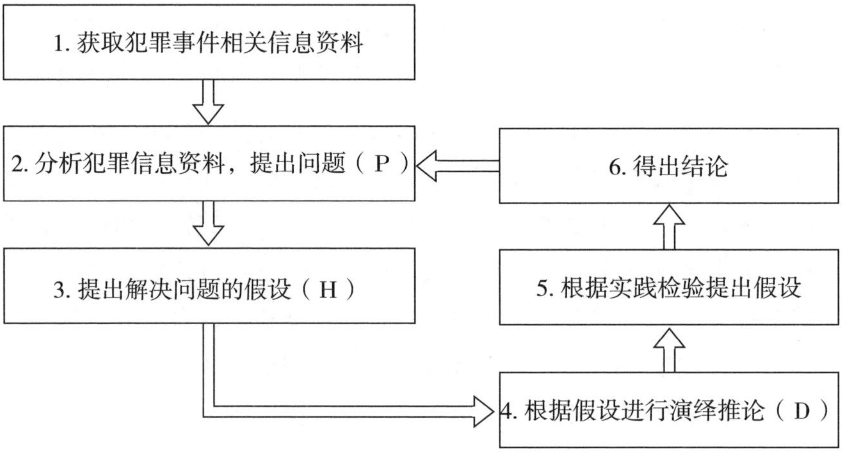

图5－1 P—H—D 循环模型

在所述六个环节中，在第二步至第三步的转换上存在明显的不足，即针对既有问题提出多元假设的能力。国外学者将此能力精练地表述为“连接信息点”的能力。以美国的“9·11”事件为例，情报部门尽管已搜集到若干相关信息，却未能有效地“连接信息点”。他们虽然掌握了足够的信息来预测这一事件，但缺乏将这些信息进行系统整理与深入分析的能力，即未能成功地“连接信息点”[29]64。

5.2.2.2 生成多个假设：清白假设与有罪假设

以假设的形式产生新想法是一种非常丰富的智力活动。在侦查阶段，随着调查的展开，不断产生各种问题。其中，一些假设被保留，而另一些则被修正。我们在用假设来寻找证据的同时，也在用证据来寻找假设。此外，一个假设或对它的检验可能导致产生新的假设和新的证据。

随着侦查活动的展开，可能会有任何可以想象的方向，特别是当有几个或许多人参与事实调查时，每一个人都承担着调查的部分内容。然而，在我们分析溯因推理路线或思路时，只想象一个调查者的心理活动，忽略了从他人分享想法，并可能从他人那里得到关于新想法的建议。事实证明，这种限制是危险的，如在杜培武案中，负责带杜培武去指认犯罪现场的民警发现杜培武居然不知道案发现场的具体位置，这就足以建立一个新的假设，他可能没有实施杀人行为。因此，在侦查过程中信奉单一的假设是危险的，特别是当整个集体都信奉一个单一假设而不允许其他质疑存在的时候。一个具体案件中的溯因推理路线不能只信奉一个假设，在建立有罪假设的同时，随着案件侦查的推进，还要注意清白假设，这是防止冤案发生的关键环节。

在侦查初期分析案情时，需要侦查人员根据案件情况进行推理做出侦查假设，侦查假设应当包括清白假设和有罪假设，侦查初期的假设不应当是单一的假设，应当是多个假设，如“9・11 事件”后，“据很多报告称，他们想要学习如何驾驶和操作民用客机，却不想学习如何使这些飞机起降，并且他们为这些课程支付的全是现金。”[29]64 假定一名训练有素的分析师凭直觉认为他们是可疑的，那么他就可以生成以下假设：

（1）清白假设。

“假设 1：他们计划稍后再学习起飞或降落，这是一个例外培训方案的第一部分；

“假设 2：在许多视频游戏中都有模拟驾驶飞机，这些‘学员’想要设计更多逼真的游戏；

“假设 3：一家航空公司正在培训非专职飞行员，使其成为长途飞行的换班飞行员。”

（2）险恶假设。

“假设 4：这些人将要搭乘的飞机是用来运输毒品（或其他走私物品）的，在飞机到达目的地前，他们不想向飞行员披露飞行目的地；

“假设 5：这些‘学员’计划劫持一架或多架民用客机，劫机者想要在着陆之前控制飞行并自行导航，但将会强迫飞行员降落在他们选择的目的地；

“假设 6：飞机并不打算降落，因为它们将在半空爆炸；

“假设 7：飞机并不打算降落，因为它们将被用作对准特定目标的‘飞行炸弹’，类似自杀式轰炸机那样。”[29]66-67

需要注意的是，在建立假设过程中的假设并非单一的，正因为如此，皮尔士认为，我们经常会遇到一些无法用现有假设解释的异常证据。然而，过一段时间后，我们可能会经历一种“灵光一闪”的时刻。在这种瞬间，一个新的假说会诞生，它可以解释这种异常现象，甚至能解释我们可能拥有的其他相关证据。皮尔士将这些顿悟闪现与溯因推理联系起来，但是我们不排除在这个顿悟闪现过程中没有想象和直觉的作用，因为人的思维方法是综合的，运用溯因推理方法建立的侦查假设并非绝对单一的。

5.2.2.3 信奉单一假设的危险性

假设的生成作为一种极具丰富性的智力活动，在侦查过程中发挥着举足轻重的作用。随着调查的逐步深入，各种问题层出不穷，其中部分假设得以保留，而部分假设则经过验证后被修正。我们利用假设来指导证据的搜寻，同时依据证据来检验和修正假设。此外，一个假设的提出及其验证过程，往往能够催生新的假设和证据，推动侦查工作不断向前发展。这也是本书强调需要赋予律师证据调查权的根本原因。只有形成竞争性的调查，才不会导致忽视无罪的假设，从而收集无罪的证据。只有如此，才能真正实现以审判为中心的诉讼制度改革。

5.2.3 逆推法

在溯因推理之后，我们要将得到的可能的解释视为一种假设，再去进行试验，以确定或推翻此种假设。此种推理方法被称作逆推法。逆推法的操作过程如下。首先，我们为已经获得的证据找到一种解释——可能性 A。现在，我们需要回答下面问题：如果 A 是真的，那么我们希望其他哪些事情也为真？接着，我们就要为这些事实寻找证据。如果我们找到了证据，那么就进一步地确认了 A 可能为真；如果我们未能找到证据或者我们找到了与 A 不相符的证据，那么可能得排除A这种假设。

相反，我们最初可能也希望排除A这种可能性的存在，那么我们需要回答下面问题：哪些事实可以证明A为假？接着，我们要为这些事实寻找证据。如果我们找到了证据，那么就能排除A这种可能性；如果我们未能找到证据，那么这种情况相当于进一步地确认了A的真实性。接下来，我们需要利用反证法来指导证据调查。它能告诉我们应当寻找哪些证据；在许多案件中，它还能指导我们在何处找到这些证据。

例如，假设律师正在处理一起涉嫌故意伤害的刑事案件，核心问题是被告人是否实施了伤害行为。律师需要通过合法的调查取证手段构建证据推理链，以证明被告人无罪或者罪轻。

根据我国现行的《刑事诉讼法》，律师在侦查阶段虽然不能直接进行调查取证，但可以向侦查机关了解案件的基本信息，包括涉嫌的罪名、案件的进展以及犯罪嫌疑人的权利和义务等。律师还可以会见犯罪嫌疑人，为其提供法律咨询，了解案件的初步情况。在会见过程中，律师可以了解犯罪嫌疑人是否存在被刑讯逼供等非法取证的情况，若发现相关线索，律师可以向办案机关提出排除非法证据的申请。但需要注意的是，律师会见获取的信息本身不能直接作为证据使用，必须经过法定程序和合法转化。

律师需要通过逻辑推理来构建有利于被告人的证据链。例如，如果被告人声称案发时不在现场，那么律师可以调查其案发时的行踪，如监控视频、交通卡记录、证人证言等，以证明其不在场。

如果案件存在正当防卫的可能性，那么律师可以收集证据证明被告人的行为属于正当防卫，如被害人先动手的证据、现场物品的摆放情况等。

相反地，如果我们认为事实A并不存在，我们期望在主询问阶段询问我方证人以及在反询问阶段询问对方证人时，能够揭示出证明事实A不存在的其他证据。这将为我们最终得出事实A不存在的结论提供坚实的基础。例如，若对方证人声称事实A存在，那么在交叉询问过程中，我们需努力展示对方证人无法提供确凿证据来证明该事实确实发生过。

简而言之，律师在侦查阶段的调查程序涉及以下三个独立的步骤。

首先是溯因推理。通过假设性的想象和对案件的逻辑推理，为已获取的证据提供合理的解释。其次是逆推法。通过“实验”来证实或反驳某个假设。换言之，如果我们倾向于某个假设成立，那么我们便寻找支持该假设的证据；反之，则寻找能够反驳该假设的证据。最后是调查。运用恰当的调查技巧，具体执行上述“实验”。在调查过程中，可能需要反复多次实践这三个步骤，因为案件的推理可能需要逐步细化、调整或排除。

在司法程序中，律师在侦查阶段的调查程序是一项至关重要且复杂的工作，它对于案件的走向和最终结果有着深远的影响。简而言之，律师在这一阶段进行的调查程序主要涉及以下三个既相互关联又相对独立的步骤。

首先是溯因推理，这是调查程序的基础环节。律师需要凭借丰富的专业知识、敏锐的洞察力以及假设性的想象能力，对案件展开全面而深入的逻辑推理。在这个过程中，律师会仔细地梳理已经获取到的各类证据，这些证据可能包括证人证言、物证、书证等形式。通过对这些证据的分析和整合，律师尝试从不同的角度去理解案件的发生经过和内在逻辑，为已获取的证据提供合理且具有说服力的解释。

例如，在一个刑事案件中，现场发现了一些可疑的痕迹和物品，律师会通过溯因推理，假设这些痕迹和物品与案件可能存在的各种关联。他们会根据案件的具体情况，结合相关的法律规定和司法实践经验，思考这些证据是如何形成的，背后可能隐藏着怎样的犯罪行为或者事件经过。这种推理过程并非随意的猜测，而是基于事实和逻辑的严谨分析，旨在为后续的调查工作奠定坚实的理论基础。

其次是逆推法。在完成溯因推理后，律师会运用逆推法来进一步地验证或反驳之前提出的假设。这一步骤的核心是通过“实验”的方式来寻求证据的支持或否定。这里的“实验”并非传统意义上的科学实验，而是在法律框架内，通过各种合法的调查手段和途径来收集证据。具体而言，如果律师倾向于某个假设成立，那么他们会积极寻找那些能够支持该假设的证据。这可能涉及对相关证人的再次询问，以获取更详细、准确的证言；也可能需要对某些物证进行进一步的鉴定和分析，以确定其与案件的关联性。例如，如果假设犯罪嫌疑人在特定时间出现在犯罪现场，那么律师可能会寻找现场监控录像、证人目击证言或者其他相关线索来证实这一点。

反之，如果律师认为某个假设存在疑点或者不合理之处，那么他们会努力地寻找能够反驳该假设的证据。这种逆向的思考方式有助于律师全面、客观地审视案件，避免陷入单一的思维模式。通过不断地寻找支持或者反驳假设的证据，律师能够逐渐筛选出最符合案件实际情况的结论。

最后是调查，当确定了调查的方向和重点后，律师需要运用恰当的调查技巧，具体执行上述“实验”，也就是实际开展调查工作。这一步骤是整个调查程序的实践环节，需要律师具备扎实的调查能力和丰富的实践经验。

调查技巧涵盖多个方面，包括但不限于对证人的询问技巧、对物证的收集和保存方法、对相关信息的检索和分析能力等。律师需要根据案件的具体情况，灵活地运用各种调查技巧，以确保获取的证据真实、可靠且具有法律效力。

在调查过程中，由于案件的复杂性和不确定性，律师可能需要反复多次实践这三个步骤。随着调查的深入，可能会出现新的证据和情况，这就需要律师对之前的假设和推理进行重新审视和调整。有时候，某些最初被认为是合理的假设可能在后续的调查中发现并不成立，律师需要果断地排除这些假设，并重新寻找新的方向和线索。这种反复的过程虽然可能会增加调查的难度和工作量，但却是确保调查结果准确性和可靠性的必要手段。律师在侦查阶段的调查程序是一个系统而复杂的过程，这三个步骤相辅相成、缺一不可，共同构成了一个完整的调查体系，为案件的公正处理提供了有力的保障。

5.3 调查取证方法综合应用——杜培武案与辛普森案

“也许是天缘巧合，发生在大洋两端的这两个案件，竟然有那么多的相似之处：被告人都是案件中一个死者的丈夫；被害人都是两个人，并且都是情人；案件都被警方认定为情杀案；案件的证据都有值得‘合理怀疑’之处。不同的是：一个案件的被告人是橄榄球明星，另一个案件的被告人是警察；一个案件的被害人都是一般公民，另一个案件的被害人都是警察；一个案件的被告人受到了文明对待，另一个案件的被告人被屈打成招；一个案件的律师的辩护意见得到法庭重视，另一个案件的律师的辩护意见被置之不理。这就决定了两个被告人命运的巨大不同：一个案件的被告人被宣告无罪，另一个案件的被告人不仅被宣告有罪且被判处死刑。”[30]

造成杜培武案和辛普森案两种结局的原因是多方面的，比如诉讼制度层面美国嫌疑人的沉默权、美国警察的证人角色。抛开这些，本书从证据调查方法的角度，对中美两国在证据调查时运用的推理方法和思维方式进行分析。

5.3.1 云南杜培武案中的证据调查

5.3.1.1 杜培武案基本案情

1998 年 4 月 22 日 9 时，昆明警方接到报案称，在昆明市圆通北路 40 号思远电脑开发公司门口停放的一辆微型车内发现两具尸体。经查，女性死者是王某，昆明市公安局女民警；男性死者是王某某，昆明市路南县（现名石林彝族自治县）公安局副局长，两人被配发给王某某的手枪所枪杀。由于排除了抢劫和仇杀的可能，警方认定此案属于情杀。王某的丈夫、昆明市公安局强制戒毒所警官杜培武成为唯一的嫌疑人。警方通过调查后认为，杜培武有作案嫌疑，但无充分材料证实其犯罪，因案件性质特殊，案情重大，经专案组领导决定，在审查后，将杜培武侦查控制于戒毒所内，直至 7 月 2 日对其刑事拘留。7 月 2 日，杜培武被警方以涉嫌故意杀人拘留，杜培武案正式、合法地进入故意杀人案的刑事诉讼程序。1999 年 2 月 5 日，昆明市中级人民法院以杜培武犯故意杀人罪，判处其死刑。1999 年 11 月 20 日，云南省高级人民法院改判缓期二年执行。根据我国的二审终审制度，这个判决宣判后立即生效。杜培武被投入监狱服刑，此案似乎成了铁案。

出乎意料的是，因为一起抢劫杀人团伙被破获，证实杀害王某、王某某的行为系该团伙所为。根据公安机关提供的新的证据，决定再审杜培武案，最终宣告杜培武无罪。判决披露后，杜培武案被媒体称为“惊天冤案”。

5.3.1.2 证据调查推理过程分析

首先，建立假设。警方先用排除法确定了案件性质：排除了抢劫和仇杀的可能，认定此案属于情杀。这个过程可能运用到常识推理、想象推理、直觉推理，看到一男一女被枪杀在车里，根据直觉或者经验建立了关于案件性质的假设，这个假设为下一步案件的侦查指明了方向。可能根据侦查人员的经验，没有人会无缘无故地杀人，而在侦查人员以往办理的命案中，杀人动机无非是几类，排除了抢劫和仇杀，那么认为是情杀，一旦建立这个假设，侦破方向就是围绕受害人的人际关系寻找犯罪嫌疑人。其实，案件的性质一旦被假设，那么几乎就能确定嫌疑对象，直接指向被害人的丈夫杜培武，这个推理过程可能很难被清晰地描述出来，因为它存在于侦查人员的脑子里，是侦查人员办理案件的思维过程。

确定杜培武为犯罪嫌疑对象的推理过程：警方认为，经过调查，未发现受害者两人在工作、生活中有何足以导致仇杀的矛盾，因此基本排除了仇杀的可能性，同时对王某的丈夫杜培武做出如下推理和假设：

一是王某某与王某在近半年来关系密切，王某的丈夫杜培武也已察觉，并对此有不满情绪。

二是杜培武在案发当晚并不值班，却主动留在戒毒所内值班。警方认为杜培武不是为了复习功课、准备考试才留在所内的。

三是杜培武在案发时间内的去向没人能够证明。

四是当晚王某失踪后，杜培武除了拨打家中电话与王某传呼，没有再拨打王某家人及自己哥哥杜培俭的电话寻找，与常理不符。

五是 4 月 21 日杜培武主动约王某的哥哥到圆通路去寻找王某，但到圆通北路现场附近又匆匆而回，不再继续寻找。

六是昆明市公安局刑侦支队推断两死者是在 4 月 20 日 20 时左右被杀，杜培武于案发当晚有作案时间。

其次，进行证据调查。

一是杜培武身穿的一件警用衬衣的衣领上有细小泥点，经鉴定与现场微型车车厢板上泥土所含化学元素相同，含量相近，两种泥土类同。

二是杜培武身上所带的人民币上黏附泥土与车内刹车踏板上的泥土类同。

三是经警犬对微型车内油门脚踏板上所留泥土提取嗅源进行警犬鉴别，认定车内油门脚踏板上所留泥土气味为杜培武所留，现场微型面包车驾驶室离合器、油门踏板上遗留的足迹泥土气味及杜培武所穿袜子气味，经警犬气味鉴别为同一来源，证实杜培武曾经驾驶过该车。

四是在杜培武所穿警式衬衣右手袖口处检出军用枪支射击后附着的火药残留物质，证明杜培武曾经穿着此衬衣使用军用枪支射击。

五是通过心理测试 CPS 鉴定杜培武说了谎。

六是通过刑讯获取杜培武的口供：杜培武作出了以下“交代”：自 1998 年春节以来，通过每月结算电话费调取家中电话信息，发现妻子王某经常偷偷和同学王某某通电话，并于1998年3月发现王某意外怀孕，于是更加深对王某与王某某有奸情的怀疑，便想找机会与王某某谈谈，并教训一下王某某与王某二人。4月18日，杜培武打电话给王某某，约王某某到昆明参加同学聚会，得知王某某4月20日要到昆明的消息，便想趁此机会处理此事。4月20日16时20分左右，王某与杜培武联系问其是否回家，杜培武说王某某要上昆明来，叫王某与王某某联系，并以去玉龙湾公园游玩为名，诱骗王某将王某某约到戒毒所。当晚20时，杜培武从戒毒所断墙出来后，坐上了王某某的微型车，上车后，杜培武在闲谈中说："从民航出来后就没有再摸过枪了，你不是配枪了吗，拿来我看看。"以此为由将王某某佩带的"77"式手枪骗到手，并暗中上膛，当车行驶到玉龙湾附近杜培武早已看好的偏僻地点时，杜培武谎称车胎没气，要求停车。车停后，杜培武从副驾驶位下车换坐到驾驶位，让本来驾车的王某坐副驾驶位。换位后，杜培武便质问王某某和王某的关系，在气愤中转身近距离开枪，将坐于驾驶位后中排左侧的王某某杀害。后下车打开副驾驶车门将王某拖到副驾驶后中排右侧座位，杜培武又上车坐在副驾驶位开枪将王某杀害，杜培武又用枪柄击打两人面部。作案后，杜培武先将汽车开回戒毒所置于大门外，又于21时20分左右潜回戒毒所，21时20分左右在所里打了牛奶，企图制造未出所的假象，并在此期间多次拨打家中电话及王某的传呼，假装寻找王某。到4月21日凌晨3时许，杜培武又从断墙潜出戒毒所，将微型车开到昆明，先将车开到云南省公安高等专科学校，将王某某与王某随身物品全部搜走，放入车内的一个白色塑料袋，原准备将车子与尸体弃置于云南省公安高等专科学校射击场，后感觉不妥，便又将车及尸体弃于圆通北路40号前的人行道，将两人随身物品与王某某所配手枪抛于银河酒店前的盘龙江桥头边后，再潜回戒毒所。

最后，形成调查结论。警方做出系杜培武杀害"二王"的结论。

首先是基于案件性质的分析，认为该案是情杀。

其次是基于科学证据："在案发昌河牌微型面包车驾驶室离合器、油门踏板上遗留的足迹泥土气味及杜培武所穿袜子气味，经警犬气味鉴别均为同一来源，证实杜培武曾经驾驶过该车；昌河牌微型面包车驾驶室刹车踏板上、踏板下胶皮垫上提取泥土与杜培武所穿警式衬衣衣领左端、右上衣袋黏附泥土痕迹，及其所穿警式外衣口袋内提取一张面额百元人民币上黏附的泥土痕迹，以及在云南省公安高等专科学校射击场上提取的泥土，经鉴定均为同一类泥土，证实杜培武曾将云南省公安高等专科学校射击场泥土带入昌河牌微型面包车内，并黏附在自己的衣服及人民币上，杜培武所穿警式衬衣右手袖口处检出军用枪支射击后附着的火药残留物质，证明是被告人杜培武曾经穿着此衬衣使用军用枪支射击的，这些都是根据间接证据得出的结论。

最后直接认定杜培武杀害“二王”的证据是杜培武的亲口供述，他将整个作案过程像讲“故事”一样描述出来。

5.3.1.3 证据调查推理过程存在的问题分析

证据的相关性以及证明力问题：杜培武所穿衬衣上射击残留物以及附着泥土、面包车上泥土成分的鉴定报告，以及对车上足迹泥土气味与杜培武所穿袜子气味的警犬气味鉴别是否具有相关性？

首先，杜培武警服上泥土成分鉴定是否具有相关性？同一个地方的泥土成分相同是不争的事实，但是泥土是种类物，在一定范围内的泥土成分都是相同的，除了杜培武，可能在周围生活的人一旦身上沾有泥土，都可以成为犯罪嫌疑人。

其次，在杜培武警服衣袖上查出射击残留物可以证明杜培武曾经穿着警服射击，对于杜培武是否实施了杀人行为却不具备相关性。对于杜培武作为一名警察穿着警服参加合法射击训练行为的事实，戒毒所的多名民警可以证实。

什么证据具有相关性，以及具有什么样的相关性是由建立什么样的事实主张决定的。以上证据是直接将杜培武与案发现场建立联系的证据，这些证据对于证明杜培武是否到过案发现场具有相关性，但是对于证明杜培武实施了杀害行为却不具备相关性，能够证明到过案发现场但不能证明到过案发现场的人实施了进一步的行为。

此外，该案在证据调查中对相关的证据收集存在不充分的问题。

一是车上的备胎不见了这个证据信息被忽略，可能侦查人员觉得这个信息对于证明案件事实不具备相关性，但恰恰这个证据是具有相关性的，这个证据可以证明还有其他人到过案发现场，对于杜培武而言，如果出于情仇杀害了“二王”，其要一个备胎干什么？

二是第一案发现场未调查清楚。对于命案而言，最有价值的证据信息在案发现场，本案证据调查的主要方法是通过现场勘查来收集相关的证据，但是本案的第一案发现场在什么地方是尚未发现的，警方勘查的是弃车和抛尸的现场，杀害“二王”的第一现场未调查清楚。

三是作案的工具，枪支的下落不明。

四是尸体检验不仔细，女被害人被害后被实施了猥亵行为，但这信息未被记录。

通过以上分析可以看出，侦查人员对证据的相关性缺乏本质的认识，与该案具有相关性的证据信息没有被发现。

证据可靠性或者可信性问题。该案除了杜培武本人的亲口供述，将其案件建立起联系的直接证据是警犬技术鉴定书和 CPS 多道心理测试题，即通常所说的“测谎仪”。警犬技术鉴定应该属于广义上的科学证据，但是其科学原理是否可信和可靠仍然需要进行系统的研究，而且这可能不是证据法、诉讼法的任务，是证据科学需要攻克的难题，同时通过该案认识到科学证据的局限性。对于证明直接的犯罪构成要件而言，依然绕不开直接证据，即便是在电子监控发达的地方记录下的一段视频，也不能完全可信和可靠。

证据的合法性问题。这是该案致命的问题，如果不是通过刑讯获取杜培武的口供，其他那些通过高科技手段获取的间接证据是无法将杜培武与案件建立起联系的，警方的侦查假设没有问题，因为警察的思维方式是通过有罪假设推进的，但是，警方不可能仅仅通过假设和主观推测来指控杜培武，最终认定案件事实的只能是证据。但是获取证据的方式不能违背法律，通过暴力逼供获取口供认定案件事实，意味着人类司法又倒退到野蛮的封建时代，任何人都只是被刑讯的对象，这体现出侦查人员又回到封建时期，在“黔驴技穷”的时候，大刑伺候。

5.3.1.4 律师证据调查缺失的问题

侦查人员在办案过程中需要做出各种侦查决定，这些就是一种证据决策过程，侦查人员不可能凭自己的主观臆断或者根据领导的意图做出决策，决定拘捕、立案与否，以及确定侦查方向，思维活动离不开证据决策，而且只有根据证据做出的决策才是符合法治精神的。该案中杜培武明明没有作案的时间，侦查人员却以现场没有发现两位被害人被劫财，和“二王”关系暧昧推断，加之杜培武是死者之一的丈夫，而推断其有杀人的动机进而推定其实施了杀人行为。此外，证据决策还有另外一层意思，就是证据选择，决策过程也是选择过程。该案在关于杜培武有无作案时间这个核心要件上，侦查人员是如何决策或选择的呢？杜培武在案发当晚并不值班，却主动留在戒毒所内值班复习考试。杜培武为参加党校函授本科入学考试，4 月 21 日在戒毒所复习，他的准考证证实 4 月 26 日 9 时开始第一场考试。但是侦查人员认为杜培武不是为了复习功课准备考试才留在所内的。

杜培武警式衬衣袖口火药残留物质证实杜培武曾穿此衬衣使用军用枪支，但是侦查人员却忽视杜培武在单位有过射击训练的证据。在王某尸体的胸部和阴部都有黏附的血迹，这个证据同样被侦查人员忽视，因为这个证据不但对指控杜培武杀人没有直接相关性，反而可以作为反驳指控的证据使用。根据常识推理，一个人有多大可能会在枪杀自己的妻子和情人后猥亵妻子？但是这个证据没有被调取。

分析侦查证据决策中的问题后，再回过头来看我国现行的《刑事诉讼法》第五十二条中规定的侦查人员必须“收集能够证实犯罪嫌疑人、被告人有罪或者无罪、犯罪情节轻重的各种证据”，便明白了立法的出发点。侦查人员在侦查实践中，由于站在追溯犯罪的立场，往往忽视嫌疑人无罪的证据。通过该案的分析可以看出，这种有罪假设的思维方式是必要但却是极度危险的，应当认真地对待侦查过程中的科学证据问题以及兼顾多种推理方法的综合运用问题。在侦查活动中，不能迷信科学证据，侦查活动要综合运用多种推理方法，不能机械地运用一种推理方法。警方动用刑讯获取的杜培武口供却被法官采信，在证据不足的情况下，主审法官不顾杜培武在法庭出示的遭受刑讯的血衣，依然让杜培武交出杀人的手枪并判他死缓，可见侦查结论在中国法庭上的影响力极强。那么，此时此刻，能改变冤案局面的只能是律师，即律师通过证据调查向法庭提交无罪的证据，但遗憾的是，该案中律师没有进行证据调查，最终酿成冤案。

5.3.2 美国辛普森案中的证据调查

5.3.2.1 辛普森案的基本案情

1994年6月13日，美国洛杉矶时间凌晨0时10分，警方接到报案，警察赶到现场，发现超级橄榄球巨星辛普森的前妻妮科尔·辛普森和她的情人罗纳德·戈尔德曼被杀死在妮科尔的别墅门前。妮科尔的喉管已被割断；戈尔德曼身上有22处刀伤，有明显的死前搏斗痕迹。法医确定，他们是在12日22时被人用利器杀害的。由于没有任何谋财害命的迹象，警方初步断定是情杀。妮科尔的前夫辛普森被列为头号嫌疑人。辛普森，黑人，曾在1984年洛杉矶奥运会上点燃圣火，因为他在体育事业上的成就，被一部分美国人视为民族英雄。

6月17日8时30分，洛杉矶警察局通知辛普森的律师罗伯特·夏皮罗，警方准备逮捕辛普森，要求律师11时带辛普森到警署自首。11时30分，律师发现辛普森和他的朋友考林斯不见了，律师当即打电话通知了警察署署长加斯肯。13时50分，加斯肯署长向记者宣布了这一消息。他向市局报告后，市局下令：追捕谋杀嫌犯辛普森。警方的直升机和警车，还有闻讯赶来的新闻媒体的直升机和汽车在洛杉矶满城飞驰。17时，夏皮罗举行了记者招待会，宣布辛普森去向不明，种种迹象表明，他想自杀。18时，911台（美国的报警电话，相当于我国的“110”）接到考林斯的电话：我是考林斯，辛普森就坐在我的车内，他手里有枪，想自杀。警察用定位仪很快测出考林斯和辛普森汽车的位置。警方和新闻界的直升机、车辆在405号公路上发现了辛普森乘坐的那辆福特车。像好莱坞的枪战片那样，美国的电视观众在电视中看到了一场现场直播的飞机、汽车的大追逐。20时45分，辛普森在警方劝说下，回到了自己的寓所。他给母亲打了个电话，洗了个澡，被警方带到了洛杉矶看守所。

一场旷日持久的诉讼自此开始。1995年10月3日，美国西部时间10时，辛普森被宣告无罪。宣判当天，美国民众沸腾了，世界沸腾了。有人形容美国被一颗原子弹击中了，有人认为，辛普森被宣告无罪意味着美国法律的破产。欧洲新闻媒体认为，这是美国种族分歧扩大的标志，是美国陪审制度存在弊病的又一次展示，是美国社会危机的大曝光。用中国的习惯方式表述，就是天理何在。与之针锋相对的是为民族英雄能被从种族主义者手中解放出来而欢呼雀跃。两方各不相让，以致发生了大规模的社会骚乱。该案由于造成的广泛的社会影响和审判费用之高昂，被美国人称为世纪审判。对于辛普森究竟是否杀害了他的前妻及其情人，虽然有人说是一个谜，但是，即使是辛普森的辩护律师德肖维茨也认为：世上没有一个法官会认为辛普森是无辜的。在之后的民事诉讼中，辛普森被确认应对其前妻妮科尔·辛普森和她的情人罗纳德·戈尔德曼的死亡负责，并被判处巨额赔偿。

5.3.2.2 美国确定犯罪嫌疑人的证据调查推理过程

将辛普森列为犯罪嫌疑人的推理过程如下。

推理 1：由于没有任何谋财害命的迹象，警方初步断定是情杀，因此，妮科尔的前夫辛普森被列为头号嫌疑人。

推理 2：警方赶到现场，睡在屋里的两个孩子还在熟睡，并没有被凶杀所惊醒。因此，凶手是妮科尔熟识的人。

推理 3：1989 年 1 月 1 日，妮科尔报警称，辛普森要杀她，并要求警察保护她的人身安全。因此，辛普森有犯罪的嫌疑。

推理 4：辛普森的朋友证明辛普森在做梦的时候多次梦到杀妮科尔，因此，辛普森有犯罪的嫌疑。

推理 5：关于作案时间，狗的悲鸣表明，辛普森 22 时 15 分实施谋杀行为，并且他有足够的时间开车行驶 25 公里回到住处处理凶器和血衣。

如果以上推理过称仅仅是想象和猜测的假设，那么以下运用犯罪现场证据进行推理建立的侦查假设具有很强的说服力。

推理 6：经检验，犯罪现场一顶针织滑雪帽上面黏着的头发是辛普森的。此外，还黏附了一些织物纤维，经检验，这些纤维是辛普森“野马”牌汽车车厢地毯的纤维。一串带血脚印的尺寸为 12 号，这正是辛普森鞋的尺寸；鞋印显示是“布鲁诺·玛格利”牌鞋，在布鲁明代尔百货公司有售，每双 160 美元，这家百货公司恰恰是辛普森通常购物的商店。在戈尔德曼的衬衫上发现了辛普森的头发和辛普森袜子的纤维，在门栏上、尸体周围和后门发现了多处与辛普森 DNA 相同的血迹，辛普森在犯罪现场丢失了一只手套，在辛普森卧室有一只带血的袜子。根据这些现场发现的证据，可以推理出辛普森到过犯罪现场，这些证据足够将辛普森列为犯罪嫌疑人。

从确定犯罪嫌疑人的证据调查推理过程和方法来看，中美两国警察的思维方式没有本质的区别，都是根据现场的情况对案件进行定性，这种定性是一种有罪假设的推理过程，是侦查人员根据现场的证据信息，运用经验、直觉，甚至想象力推导出的侦查假设。这种假设是开展侦查工作的前提，是指明侦查方向必不可少的一步。

与美国警方根据犯罪现场辛普森的帽子、带血的鞋印以及DNA将辛普森列为犯罪嫌疑人不同的是，中国警方是根据犯罪现场的泥土以及气味将杜培武确定为犯罪嫌疑人。两个案件中科学证据都起着重要作用，可以说科技含量都很高。

5.3.2.3 辩护律师对美国警察证据调查合法性的质疑

这两个案件最根本的区别在于，美国的辛普森案有一个竞争性的证据调查推理，审判过程对侦查溯因推理方法的反馈评价不同，美国警方侦查推理结论遭到辩方强烈的质疑，负责取证的警察被以伪造证据陷害辛普森的种族偏见遭到弹劾；我国警方动用刑讯获取的杜培武口供却被法官采信，在证据不足的情况下，主审法官不顾被告人在法庭出示的遭受刑讯的血衣，依然令其交出杀人的手枪可以不判他死刑立即执行而判他死缓。可见侦查推理结论在我国法庭上的影响力极强，解决的途径是赋予律师证据调查权，让律师通过证据调查推理出与侦查机关竞争性的调查结论。如此，才符合法庭审判的实质化改革。下面来看律师是如何对警察的证据调查进行合法性推理的。

与中国警察的证据推理活动对比后可以发现，美国警察仅仅在确定犯罪嫌疑人的推理活动中发挥了自己的“聪明才智”，建立了辛普森是头号犯罪嫌疑人的侦查假设。之后，警察的身份变成了证人，要对证据调查活动中的问题出庭作证，仿佛警察成为犯罪嫌疑人，本来案件的核心是关于辛普森案是否杀害其前妻和她的情人的推理，却变成了警察是否在证据调查活动中伪造证据栽赃辛普森的推理，变成了证据是否相关、是否可靠、是否合法、是否具有证明力的推理。

警察在没有搜查证的情况下，翻过院墙，打开大门，进入院内，一串血迹从停在大门口的野马车一直延伸到辛宅的前门。在野马车靠近司机门的把手处、乘客门上、司机门里侧、工具箱、司机一侧的地毯上、司机座位和轮胎上，都发现了血迹。在之后的搜索中，他们还发现了车库墙壁和浴室地上的血迹。警察搜查了辛普森住过的房间，在毛巾和床单上发现了碎玻璃和血迹。再次搜查辛普森的住宅时，在屋内发现了多处血迹，在床下发现了带血迹的袜子。

这些证据本来应该成为直接指控辛普森实施了犯罪行为的证据，但是却戏剧性地成为警察福尔曼捏造证据这个事实主张的证据。

在法庭上，围绕警方的证据调查行为展开了推理。推理形式如下。

前提：福尔曼被证明是一个有着严重种族主义倾向的栽赃者。

结论：福尔曼收集的证据是捏造的。

在法庭上的交叉询问过程中，福尔曼作为控方证人，公然一再引用美国《宪法第五修正案》，即福尔曼从一名警察变成了被告人。美国《宪法第五修正案》的内容是“公民有权不自认犯罪”，福尔曼被证明是一个有着严重种族主义倾向的栽赃者，由于福尔曼是几乎全部物证的主要搜集人，因此，控方的所有物证都被否定了，辛普森自然成为一个无辜的人。

5.4 认真对待侦查阶段律师证据调查

探究真相、追求正义应当说是世界上所有警察的共同理想，有的时候我们需要树立“没有破不了的案”的雄心壮志，有的时候我们必须接受即使用尽所有方法也“破不了案”的现实。一方面是作为职业的职责坚守匡扶正义、保护公民生命财产安全的信念；另一方面是对人类认知局限的理性认识。我们是人，不是神，世间没有所谓无案不破、不会办错案的“神探”。因此，在侦查阶段，律师要从人权保护的角度进行证据调查，形成与警方竞争性的事实主张。

通过中美两个案件中各种推理方法的综合运用和对比，揭开了侦查人员办理案件的神秘面纱，揭示了中美两个国家的警察在侦办案件过程中的特点。在案件侦查初期，中美两国警察的推理方法没有本质的区别，都综合运用了逻辑、经验、科学的推理方法，将案件定性为情杀，并分别将杜培武和辛普森列为头号犯罪嫌疑人。随着案件证据收集工作的推进，这两个案件开始朝着不同的方向转变，中国警方固守最初建立的侦查假设，始终坚信杜培武就是凶手，在根据间接证据进行推理不足以认定案件事实时，开始转向动用刑讯，试图获取直接证据，让杜培武承认实施了犯罪；而美国警方在收集了大量的间接证据，根据间接证据直接足以推导出辛普森具有很大的作案嫌疑时，美国警方的推理到此结束，辩方开始登上推理的舞台，直接釜底抽薪式地对控方的证据调查合法性进行反驳，将警方的推理驳倒。

在杜培武案和辛普森案中，中美两国警察在推理方法上没有本质的区别，而且从证据调查的情况看，辛普森作案的可能性更高，但是两人却面临不同的命运：一人被冤枉差点被执行死刑，另一人却被无罪释放。究其原因：一方面是美国的法律制度能把有罪假设这种思维纳入审判中心的无罪推定轨道，设置了犯罪嫌疑人拥有沉默权的制度，那么只能通过间接证据进行推理，以便认定案件事实；另一方面是未将警察视为事实认定者，而把警察视为证据的提取者，在诉讼角色中，警察的身份是证人，更重要的是警方的证据调查活动要接受辩护律师的证据合法性调查。

我国侦查阶段的证明标准和审判阶段的标准都是“案件事实清楚，证据确实充分”，这就导致证明活动前置，侦查承担了过重的查明犯罪真相的任务，而侦查证据推理有罪假设的思维方式不可避免地带有追诉犯罪的立场和职业偏见，从而忽视清白假设和无罪的证据，而辩护律师在此阶段又不能进行有效的证据调查，而且虽然法官的思维方式是无罪推定，法官必须不偏不倚中立裁判，但是由于长期以来公安机关的强势地位，对案件真相的认识，法官缺乏独立的思维能力，往往不会采纳律师通过证据调查形成的事实主张，或者认为律师是在“捣乱”。在这种司法环境和司法水平下，以及在认清了侦查证据调查的本质后，我们不能再强调它对于侦破案件是如何的必要，反而应该慎重地看待侦查律师的证据调查问题，必须认识到侦查证据调查方法的局限性和危险性，在提高侦查人员的证据调查能力的同时，赋予辩护律师证据调查权，最大限度地避免冤案。

通过对中美两个案情类似、结局不同的案件进行对比分析可以得出以下初步结论：第一，在将案件定性为情杀并分别将其列为头号犯罪嫌疑人过程中，中美警方的侦查推理过程没有本质的区别。第二，这两个案件由于对科学证据的审查判断以及运用归纳推理和溯因推理等方法不同而结局各异：杜培武案侦查证据调查推理迷信科学证据，采用坚信有罪假设的归纳推理方法；辛普森案侦查证据调查推理未轻信科学证据，运用了“一果多因”兼顾律师提出的清白假设的溯因推理方法。第三，侦查活动要综合运用多种推理方法，不能机械地运用一种推理方法，同时要兼听辩护律师关于证据调查的竞争性的事实主张。除此之外，中美警方在运用间接证据和直接证据进行推理等方面存在差异。第四，审判过程对侦查证据调查推理方法的反馈评价不同，美国警方的侦查证据调查推理结论遭到了辩方辩护律师的强烈质疑，负责取证的警察被以伪造证据陷害辛普森的种族主义者遭到弹劾；中国警方动用刑讯获取的杜培武口供却被法官采信，在证据不足的情况下，主审法官不顾杜培武在法庭出示的遭受刑讯的血衣，不顾辩护律师提出的无罪的证据和无罪的事实主张，依然让杜培武交出杀人的手枪并判他死缓，可见侦查证据调查推理结论在中国法庭上的影响力极强。因此，通过降低侦查证明标准以及促使侦查办案人员出庭作证、赋予律师侦查阶段的证据调查取证等方式，有助于打破后续检察、审判环节对侦查结论的依赖，按照以审判为中心的诉讼制度改革思路，赋予律师在侦查阶段调查取证提出竞争性事实主张的权利，将认定案件事实的权力还给法官，侦查人员应回归证据提取者、保管者和出庭支持公诉的控方证人角色。

6　智能时代的律师调查取证

在现代社会，人工智能技术已被广泛应用于法律领域。在人工智能与法律的研究中，多数刑事研究集中于运用法律规则和案例进行推理。此外，人们也对运用证据和犯罪情节进行推理的形式理论产生了浓厚兴趣。这些理论被应用于人工智能的逻辑模型，例如撒加德的解释融贯论。该理论已被荷兰学者付诸实践，开发出名为 ECHO 的自动推理系统，并将其应用于计算机程序系统。这一实践表明，证据推理理论和研究成果能够成功地融入人工智能系统，沿着威格摩尔图示法和叙事法的路径，将证据推理的方法和思维运用到人工智能中。这种证据推理方法在人工智能法律领域的应用和探索，对人工智能在律师证据调查推理中的研究具有重要的启发意义和参考价值。

因此，有学者提出机器推理畅想，即人工智能时代的律师接手一个案件时，首先要做的事情可能是打开电脑的“律师系统”，然后进行下列操作：进入“案件输入”菜单，按照问题的提示步骤，输入有关案情，包括证据数据和双方的事实主张。运行“法律检索”菜单，获得以下查询结果：① 本案可能适用的法律规则；② 上述规则的法律解释；③ 有关的判例。运行“证据分析”菜单，获得一些分析结果：① 证据属性分析，包括相关性、可采性、可信性（可靠性）分析；② 证据调查分析，包括审前和审判证据调查分析；③ 证据推理分析，包括逻辑方法（溯因推理、归纳推理、准演绎推理、最佳解释推理）、图示法、解释方法（概率论解释、似真性解释、叙事法）；④ 证据决策分析，包括对侦查、监察和检察机关决定的分析，律师诉讼准备与证明策略分析。最终获得可以作为法律推理小前提的事实真相。运行“法律分析”菜单，获得一些分析结果：① 有关法律规则中各种概念之间的关系，核心概念，立法目的；② 有关法律漏洞及其立法修改的进展情况；③ 本案与有关判例在法律适用方面的共性和区别；④ 法律规则解释，包括语义解释，体系解释、法意解释与合宪性解释，论理解释、比较法解释和社会学解释等。最终获得可以作为法律推理大前提的法律规则。运行“法律推理”菜单，从中选择：① 单项推理方法，如演绎推理、归纳推理、类比推理、溯因推理等，获得运用不同推理方法可能得到的判决结果。② 组合推理方法，选择两种及以上组合推理方法，获得若干种可能的判决结果。③ 功能性选择，例如，运行“起诉策略”菜单，从中获得一些建议；运行“辩护策略”菜单，从中获得一些建议；运行“判决预测”菜单，从中获得一些建议。[31]359-360

“‘人工智能法律系统’可能分为‘律师型’‘法官型’和‘普及型’。‘律师型’可以为律师、检察官的起诉和辩护策略提供系统的解决方案，包括打印出诉讼准备流程图乃至完整的起诉书或辩护状。‘法官型’可以自动输出判决指导意见，还可制作完整的判决书乃至更详细的判决理由报告。‘普及型’对普通民众可以充当‘电脑律师’，回答一些法律咨询方面的问题。”[31]360–361

按照这种畅想，律师未来的职业能否被人工智能取代呢？如果律师仅仅是提供法律咨询或者起草辩护状，那么以当前的人工智能发展速度，律师职业迟早被人工智能取代，律师唯一无法被人工智能代替的地方是证据调查。

6.1 人工智能与律师调查取证

2017 年《中华人民共和国国务院公报》第 22 期中《国务院关于印发新一代人工智能发展规划的通知》中提出，人工智能将带来社会发展的新机遇，同时在司法服务等领域也可以广泛地发展。2022 年《最高人民法院关于规范和加强人工智能司法应用的意见》中，明确地提出要推动人工智能与司法工作的深刻融合，因此，各个地方都在试图建立智慧法院，这是法院系统的。其实，检察系统也在探索人工智能与检察工作的融合。公安系统在人工智能的技术运用上，主要体现在社会治安防控方面，罕有在侦查取证活动中运用。

相比之下，人工智能与律师证据调查是一个全新的理论研究课题，还处于理论探索阶段，侦查阶段律师调查取证的推理过程是一个创新和发现的过程，是从无到有的发现模式，包括发现无罪、罪轻证据，提出无罪、罪轻的事实主张。因此，要研究人工智能对律师证据调查运行的影响，以及人工智能与律师证据调查的关系和作用，必须先分别厘清二者各自的本质，再划定研究的范围和方向。核心的问题是，人工智能能否代替律师进行证据调查活动？证据调查活动对人工智能又有何作用？

律师调查取证的运行过程包括：证据调查的启动、无罪罪轻事实主张的提出、证据的发现和获取、调查结论的做出。那么，人工智能对这些过程的运行有何影响？

第一，人工智能对证据调查启动的影响。传统的证据调查启动依靠的是辩护律师的主观判断，律师要有精力对案件进行敏锐的判断。然而，由于信息来源有限，律师往往难以全面了解案件的各个方面，这限制了其判断的准确性和效率。例如，在涉及复杂案件（如矿难杀人骗赔案、盗窃案、诈骗案等）时，辩护律师由于无法掌握所有潜在的社会事件，很难判断犯罪嫌疑人是否无辜。而人工智能技术则能够通过分析大量数据，帮助律师更全面地了解案件背景，发现潜在的无罪或罪轻证据，并辅助律师判断是否有必要启动证据调查。然而，最终的决定权仍应掌握在律师手中，因为证据调查的启动不仅需要考虑证据的潜在价值，还需要考虑调查的可行性、合法性和其他相关因素。人工智能可以作为一种有力的辅助工具，为律师提供参考和建议，但不能替代律师的独立判断和决策。

第二，人工智能对律师提出事实主张的影响。传统律师提出无罪、罪轻的事实主张运用的是“经验概括”、常识，比如杜培武案，侦查人员运用“杜培武因怀疑其妻子王某与王某某有不正当两性关系，而对二人怀恨在心”的概括来建立侦查假说，但是人工智能系统可以基于大数据分析辅助律师，给出一些在侦查人员看来毫无根据的理由，与控方相反的竞争性的事实主张。比如计算机在自我学习过程中会发现一些有意义的规律，如“自杀时袭击者不会购买人身保险”“犯罪率越高，用 Uber 打车的次数越多，在旧金山，卖淫、酗酒、盗窃行为越密集的地区，用 Uber 打车的次数就越多”“大型公共体育赛事会提高犯罪率”等。人工智能在发现能力上，远远地超过侦查人员和辩护律师。但需要注意的是，人工智能系统可能并不是基于传统的因果关系来构建事实主张，而是机器学习自主归纳的看似毫无联系的一些关系。

第三，人工智能对证据的发现和获取的影响。在证据调查过程中，证据的相关性是一条贯穿始终的逻辑主线，什么证据具有相关性，是辩护律师收集证据时的第一判断标准。这个相关性判断是辩护律师依据经验和常识进行的，但是人工智能不可能完全模拟辩护律师的思维，人工智能没有思维能力，它不可能对证据是否具有相关性进行判断，它只能根据算法来做出判断，比如当前的智能辅助办案系统根据证据指引来指导办案人员取证，这就意味着，它不可能超越我们给它设置的种类来发现其他对案件有证明作用的证据。针对这个问题，熊秋红教授提出了疑问：目前上海高院和贵州高院都在试行“刑事案件基本证据标准指引”，对常见多发的犯罪，上海高院做了 71 种证据模型，但“基本证据指引只是对证据收集起到规范作用，那么对新类型、疑难复杂案件，证据科学研究究竟能做什么？我们对证据的感知可以尽可能规范，但认知却是一筹莫展，证据科学研究能为这些改革提供更好的答案吗？我们现在的证据模型（比如大数据证据、人工智能证据）并不能涵盖所有的证据类型，这些证据并非在案发时留下的痕迹，这些证据是案发后根据原始证据加工生成的证据。

第四，传统调查的结论是辩护律师根据证据进行的推理，因为案件事实在本质上是经验事实，所以辩护律师运用无罪、罪轻的证据提出的事实主张其实也是经验推论过程，但是有了大数据证据和人工智能的参与，律师调查的结论可能不仅仅是根据经验和常识的推理结果，里面有算法的作用。

人工智能辅助系统的作用是辅助辩护进行取证、发现犯罪嫌疑人可能无罪或者罪轻的地方、辅助辩护律师做出决策，在现在的人工智能法律系统中，有针对律师的、法官的专家系统，但是律师的辅助系统区别于法官辅助系统，因为，证据调查活动是一个发现的模式，很多办案律师都很难准确地说明是如何推进和运行的，人工智能要模拟辩护律师在证据调查过程中的思维就更难。只有对证据调查的方法、路线、过程有了一个清晰的认识后，才能对人工智能系统的研发起到指导的作用。通俗地讲，连辩护律师都没有弄明白所代理的案件的侦破过程是否存在问题，犯罪嫌疑人是否无辜，人工智能如何去模仿辩护律师的思考呢？这就是无源之水、无本之木。目前，辩护律师的整个办案过程往往都是依靠经验，如何思维、如何推进，都处于“黑箱状态”，这在一定程度上限制了人工智能系统的研发。

6.2 大数据与证据调查

20 世纪 80 年代，美国人提出了一个词——Big Data（大数据）。2008 年 9 月，《科学》杂志上发表 *Big Data：Science in the Petabyte Era* 一文后，大数据这个词被广泛传播开来。“大数据泛指巨量的数据集，因可从中挖掘出有价值的信息而受到重视。《华尔街日报》将大数据时代、智能化生产和无线网络革命称为引领未来繁荣的三大技术变革。麦肯锡公司的报告指出数据是一种生产资料，大数据是下一个创新、竞争、生产力提高的前沿。世界经济论坛的报告认定大数据为新财富，价值堪比石油。”[32] 毫无疑问，我们处在数据大爆炸的信息时代，如果我们现代人想要知道历史上原始社会、奴隶社会、封建社会人们的物质文化生活，往往只有通过一些古人留下的化石或者出土的文物古籍，而且通过这种途径发现的信息也是有限的。在现代社会，情况变得不一样了。如果说古代社会由于记载信息的科学技术和资源欠缺，能够记入史册的都是重要的重大事件，那么在现代社会，科学技术高度发达，我们记录信息的系统也高度发达，人类的一言一行、每一次网上点击、每一次在线支付、每一次购物、每一次犯罪行为、每一次交通事故、每一次寻医就诊、每一次电话沟通、每一次通过社交软件的聊天，几乎我们每次到过什么地方、做过什么事情都能够毫无遗漏地被各种信息系统记录并储存下来。这些信息就是对人们过去的行为的记录。在这种情况下，有了大量的证据信息，给证据调查活动带来很多便利，因为证据在本质上就是一种信息。

在大数据时代，证据调查活动也受到影响和挑战。一是各种证据信息越来越多了，二是对律师办案人员处理信息的能力提出了新的要求和挑战。大数据，顾名思义，就是数据量是庞大的，仅仅靠人的感官和思维很难处理大量的信息。从证据科学的角度看，对于这些大量的信息，“与获得证据的能力相比，加工证据的能力，包括辩证据真伪的能力、由此及彼的证据推理能力，对于获得真理性知识来说可能更加重要。”[33] 在这些大量的证据信息面前，可能真正有用的仅仅是一小部分，比如面对一个监控器记录储存下来的长达几个月的视频资料，可能对于证明犯罪事实有作用的仅仅是几分钟，甚至几秒一闪而过的身影。

大数据时代对传统证据调查工作模式确实产生了影响，律师证据调查工作运行在大数据背景下也有一些新的变化，一些新的理念随即被学界提出，如“大数据调查”“大数据证据”，这些理念与证据调查的关系，都需要进行关注和研究。

6.2.1 大数据技术对律师调查取证的影响

大数据技术对证据调查工作的影响主要体现以下四个方面。

第一，提高了证据调查工作的效率。传统证据调查依靠的是办案人员的思维和感知能力，比如在罪轻、无罪信息的查询以及犯罪嫌疑人不在犯罪现场证据的发现过程中，办案律师只能亲力亲为，人脑的运算能力是远远比不上电脑的，律师可以依托大数据系统中的各种数据库一键检索，可以免去传统的完全依靠办案人员亲自一个一个去面对面排除的工作，提高了工具的效率。

第二，大数据技术为辩护律师提供了大量的可分析数据和信息。在大数据时代，人类的各种行为都能在虚拟空间留下痕迹，各种载体记录的信息解决了律师在案件办理过程中信息输入问题，从信息论角度讲，在大数据时代，信息爆炸式地增长，律师辩护工作不缺少证据信息的输入，缺少的是分析这些海量信息的能力，这对很多一线办案律师来说是一种挑战，如何在海量的数据中找出有价值的信息？这是人脑无法解决的问题，人脑无法同时处理大量的数据。

第三，大数据为证据调查活动提供了重要的补充和辅助手段。从宏观上看，大数据在发现线索上确实超越了办案人员，大数据犹如一把锋利的宝剑，但是它仅仅具有工具价值，再锋利的宝剑都需要具体的人来使用，它并不能代替使用者。从微观上看，大数据对某一个具体的案件的查明作用却极小。例如，在一起案件侦查前期，大数据可以围绕犯罪现场快速地采集到大量的人员信息，但这些海量信息需要进一步甄别和筛选，才能确定哪些人员可能与案件相关。而且，大数据分析的结果可能存在偏差或误导，不能直接用来确定犯罪嫌疑人，还需要结合传统侦查手段和具体证据进行综合判断。

第四，任何调查行为都是溯因模式，即从结果推导原因，发现案件的因果关系。对于传统接触型犯罪而言，案件的因果关系是很容易发现的，即引起与被引起的关系，比如杀人案件，没有人无缘无故地杀另一个人，犯罪总有一定的原因和动机，但是在大数据时代，人们的行为大都是非接触型的，比如网络诈骗，犯罪嫌疑人都是遍地撒网，骗到谁是谁，很难找到确切的受害人与犯罪嫌疑人之间的因果联系，这对传统调查思维中由果推因的推理模式确实是一种启发。运用大数据手段发现犯罪嫌疑人可能依据的不是因果关系，有学者将大数据的关系概括为“相关关系”，“大数据是通过量化两个数据值之间的数理关系来确定相关关系。”“通过相关关系，才能将看起来没有联系的信息内在地联系起来”[34]。相关关系是比因果关系宽泛的关系，这也是大数据在证据调查运用中能够发现大量有用信息的原因。

6.2.2　大数据证据与律师调查取证

杨继文、范彦英提出：“大数据时代到来，对证据和事实的关系需要重新审视。”[35]46 我们说打官司就是打证据，具体而言，律师调查取证关心新证据发现和新事实发现。在大数据时代，证据调查活动是否也需要重新审视？在“奇虎诉腾讯”一案中，人民法院肯定了大数据分析结果作为证据使用的合法性，这是否意味着基于大数据形成的报告在律师进行证据调查时也可以作为证据被收集，辩护律师也可以运用大数据证据进行证据推理提出新的无罪或者罪轻的事实主张？基于大数据证据的证据推理与传统的证据推理有何区别？这些都是急需探讨的问题。

什么是大数据证据，学界和实务界都没有形成统一的认识。目前，大数据技术在证据调查活动中的运用相当普遍，但是作为证据的大数据在法庭上的应用却不多见。造成这种证据调查阶段大数据证据运用“热”和法庭审判阶段大数据证据应用“冷”的两极分化现象的原因是我国的证据的门槛。我国《刑事诉讼法》规定了证据的种类，没有纳入证据种类的材料很难作为证据提交给法庭。此外，我们证据制度的研究也是偏重于法庭审判，不太注重取证阶段的证据研究，取证与运用证据是相互联系的不可分割的两个阶段。

目前，大数据证据的获取在侦查阶段被公安机关垄断，主要有两种形态：第一种是根据公安的各种数据平台形成的材料，如人员、车辆等形成的活动轨迹报告，如在疫情防控期间，在办理妨害传染病防治罪案件中，行为人的活动轨迹是重要的证据，要查明行为人的活动轨迹，传统的侦查方法只能依靠当事人的口供，但在大数据时代，可以运用大数据技术清晰地呈现人的行为，而且通过活动轨迹的回溯还可以收集到沿途的监控视频中当事人的视听资料。根据大数据技术发现的其他证据就是大数据证据的第二种形态，但是有学者认为："侦查人员通过大数据分析发现了传统的物证、书证或证人证言后，最终在法庭上所提交的证据并非是大数据的分析结果，而仅是依靠大数据分析所挖掘的其他证据。该类证据属于传统的证据种类"[36]。对于运用大数据技术形成的材料和报告的属性，学界同样产生了分歧，产生了各种学说，有"电子数据说""鉴定意见说""书证说""证人证言说""独立证据说"等，在法庭审判阶段，辩护律师也往往在证据属性上做辩护。

由于我国证据法学界对证据的概念以及证据的属性没有一个统一正确的认识，所以学界和实务界对大数据证据的概念和大数据证据的使用莫衷一是。因此，对证据概念的界定必须宽泛，宽泛到足以包含人类所有科学发展的技术成果在诉讼领域的运用，要满足这个要求的证据概念就是知识，证据是一种知识，"E=K"，即 Evidence 等于 Knowledge，所以，边沁说："证据领域不过是知识领域"[29]63。在人类探究真相过程中，科学技术起着关键作用，刑事司法领域真相的探索和科学领域或者其他领域真相的探索没有本质的区别，人类智慧的成果——科学技术成果被广泛地运用到人类的各个领域，从 DNA 到电子数据再到大数据、人工智能，归根结底，都是科学技术在刑事司法领域甚至证据领域的运用，都包含了科学的知识，所有这些有技术内容的证据本质上都是科学证据。所以，当前关于证据的概念和属性的争议都是因为对证据的理解还停留在证据法学的领域。站在证据科学的角度看，这些争议都是没有意义的，证据无非是一个各种知识的结合体。从信息论上看，证据无非是一种信息，所以，我国《刑事诉讼法》中对证据的种类划分是没有意义的，这种划分使得很多证据信息无法归入某一种类，从而无法用以证明案件事实。

这些信息仅仅是一种形式载体，其内容可以包罗万象，可以将人类所有的科学技术和知识都包括进来，比如指纹证据、血迹证据，都需要运用科学技术对其进行解读。什么是大数据证据？大数据证据其实也是一种科学证据，需要运用计算机科学知识和网络科学知识对行为在虚拟空间留下的痕迹进行分析解读，一堆大数据摆在面前，如果不对其进行分析，那么它对证明案件中的某一个事实没有任何意义，这一点不仅仅指大数据，对其他任何证据而言，同样如此。证据材料是一堆死的材料，不对其进行分析和推理，它就不会自动地指向某一个事实主张，所以，“证据”与“从证据里面得出何种推论和主张”是两回事，而大数据不仅仅作为一种事实材料存在，其更大的价值性体现在作为一种思维方式、分析方法、分析技术存在，更为重要的是对于思维、方法、技术的理性选择，对其分析结果以及数据事实材料的证据转化具有极大的影响性。因此，大数据证据是一种兼具证明案件事实材料分析思维、方法、技术的综合体。“大数据证据是运用大数据技术、方法、思维等方式方法用以证明案件事实所得出的一切材料。”“是集物证、书证、鉴定意见等证据种类于一身的综合体。”[37]

传统证据的发现和收集依靠的是侦查人员的经验和常识，发现和收集证据的场所都是实实在在的，即根据所谓案发现场发现的信息进行推理。而大数据证据的发现和收集依靠的是公安机关建立的各种公安数据平台，依托于网络和计算机的虚拟场域。大数据证据不是基于经验和常识的发现，而是基于科学技术和方法的证据生成。换句话说，大数据证据不是在案发时自动形成的，而是侦查人员或者办案律师通过大数据技术生成的；大数据证据生成的原理不是基于引起和被引起的因果关系，而是基于“算法”。同时，大数据证据到待证事实要件的推理过程也是基于“算法”，而非基于“经验概括”。

大数据证据的分析算法将从因果分析发展到关联分析。从事实认定的角度分析大数据证据事实认定的原理，可以看出，从证据到事实的推论过程中，“大数据分析”取代了“概括”。但这并非意味着从大数据证据到事实的过程不是经验推论过程，因为“概念”是一个内涵丰富的概念，张保生教授说，“概括”涵盖内容从流言蜚语到科学定理，“大数据分析或者算法”可以归为科学技术定理一类。

它们的区别在于，基于大数据证据的推理相比传统证据的推理，推理过程变得清晰可视。传统证据的推理方法有图示法和基于故事的叙事法；大数据证据的推理过程比这两种方法都具有可视性，便于推理主体掌握整个过程。还有一个区别是图示法和叙事法主要依靠侦查人员的“人脑”进行推理，而大数据推理是基于计算机的“电脑”推理。面对大量的数据，只有计算机才有可能从中总结出规律。这势必会让证据调查主体依赖于大数据的算法技术，使证据调查的主体从人变为机器。我们可以畅想，在不久的将来，人工智能将代替调查人员进行推理。见图 6－1 所示[35]48。

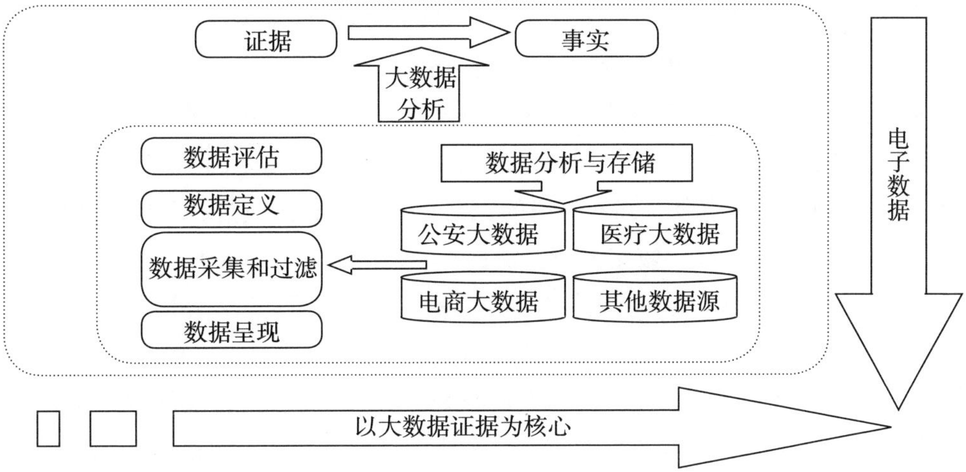

图 6－1　人工智能推理图

但是，还应该注意大数据证据的危险性，传统的证据调查运行是由果到因的回溯式的溯因模式，是对已经发生案件的因果关系的探寻，而大数据证据下的证据调查主要是针对尚未发现的事件，通过建立预测模型来预测分析未来，在建立预测模型过程中，也会运用溯因推理，毕竟构建预测模型的主体依然是人，不是机器。随着计算机科学的发展，机器自主学习成为可能，那么传统的证据调查活动和基于大数据证据的证据推理中的因果关系面临相关关系的挑战。因为，并非所有案件中的关系都具有因果关系，现实生活中的案件是千奇百怪的，并不是案件的发生都是基于动机和基于某种因果关系，现实世界的复杂性体现在大多数事件是偶然性的且不可重复的。比如杜培武案中，杀害“二王”的案犯并非有预谋地将二人枪杀，而是偶然地撞见二人在车上，就地取材式地用警察王某某的配枪将“二王”杀害。侦查人员在展开案件侦查时，有意识或者无意识地非要找一个作案动机，将案件定性为怀恨在心的情杀，从因果关系入手，必然地会将王某的丈夫杜培武纳入嫌疑对象。现在看来，杜培武妻子被害就是一个突发的偶然事件，我们做一个理论假设：假如当时的手机已经普及，那么基于大数据分析形成的大数据证据——行为轨迹分析报告，就不会将杜培武列为犯罪嫌疑人，因为通过大数据挖掘和碰撞，杜培武的轨迹信息不会出现在案发现场，辩护律师能及时将这一证据调查获取提交法庭，就能避免冤案。

但是，倘若不基于因果关系进行推理，势必造成更多的案件无法侦破，毕竟社会生活中的事件大部分是基于因果关系的，没有因果关系的偶然发生的案件毕竟是少数。那么，事实调查活动就会陷入二难困境，无论是基于因果关系的调查还是基于相关关系的调查，都有可能出错。悲观地讲，我们可能无法探知某些事件背后的真实原因，即便是对通过大数据分析出来的某些规律进行解释时，我们也纯粹是猜测，没有确凿的证据，即便有证据，也仅仅是对猜测的支持，就如杜培武的命运，收集的所有证据无非是为了支持侦查人员当时的猜测：杜培武因怀疑其妻子王某与王某某有不正当的两性关系而对二人怀恨在心。

所以，预测分析大师埃里克·西格尔说："有关系并不等于存在因果关系。A 和 B 之间存在联系并不表示 A 和 B 是因果关系，甚至两者之间根本不存在因果关系，无因无果，纯属巧合。"[38] 从杜培武、佘祥林、呼格吉勒图、赵作海、张氏叔侄等系列被平反的案件来看，哪一个案件在当时不是被称为案件事实清楚、证据确实充分？可是现在从证据调查的角度分析来看，案件侦破过程的推理路线是模糊不清的，但有一点却是清晰的，那就是都有因果关系，但是其吊诡之处在于，这些因果关系都是侦查人员单方面的一种假设和猜测。

从这一点讲，无论是基于因果关系还是相关关系的大数据证据的调查活动都不可迷信。允许调查主体进行猜想，但是也应当允许反驳。侦查活动的运行是封闭的，只有猜测，没有反驳，侦查人员主体只需要自己说服自己，所以，侦查结论需要拿到法庭审判阶段接受辩方的反驳，并且要打破侦查阶段调查活动的垄断，赋予辩护律师进行竞争性调查活动的权利，这也是审判中心主义的应有之义。

7 结 语

长久以来，侦查人员与律师似乎处于刑事司法体系的两端，呈现出一种对立的表象。侦查人员肩负维护社会秩序、打击犯罪的使命，其工作重心在于通过侦查活动收集证据、查明犯罪事实，以实现对犯罪行为的有效惩治。而律师则致力于为犯罪嫌疑人或被告人提供法律辩护，保障其合法权益，其工作侧重于依据事实和法律，提出有利于当事人的辩护意见，以维护司法公正。

这种角色定位的差异，导致双方在工作过程中存在一定的矛盾与冲突。侦查人员在侦查阶段往往更关注证据的收集与犯罪事实的认定，而律师则可能对侦查活动的合法性提出质疑，例如是否存在非法取证等问题。这种冲突有时会激化，导致双方关系紧张，彼此之间的信任和理解也变得脆弱。然而，从司法公正的角度来看，侦查与辩护并非完全对立，而是相互制衡、相互监督的关系，都是刑事司法体系的重要组成部分。

学界逐渐意识到，这种对立并非不可调和，反而应该寻求一种平衡与合作，共同实现司法正义。通过深入研究侦查阶段律师调查取证权的相关规定和实践情况，本书试图从侦查员的角度出发，客观地分析律师在这一阶段所面临的问题和挑战。通过研究发现，律师在调查取证过程中，往往受到诸多限制，这不仅影响了他们为当事人提供有效辩护的能力，而且在一定程度上削弱了司法公正的实现。有时候，律师为了获取一份关键证据，需要付出巨大的努力，却因为种种限制而无法如愿以偿，这让他们感到无奈和沮丧。

有时候，为了追求快速侦破案件，侦查人员可能会忽视律师的合法权益，甚至对他们的调查取证工作设置障碍。这种行为不仅违背了法律的规定，而且损害了司法的公信力。我们应该明白，侦查工作和律师辩护工作都是为了实现司法公正，不能因为追求效率而牺牲公平。

本书希望能够打破侦查员与律师之间的隔阂，建立起一种相互理解、相互尊重的关系，特别是从事公安教育工作的人员，因为从警校生的教育中可以实现，从源头破解两种职业的对立。我们应该认识到，侦查员和律师都是为了实现司法正义而努力，只是角色不同、职责不同而已。只有我们放下成见，携手合作，才能更好地维护社会的公平与正义。在司法实践中，侦查员和律师应该加强沟通与协作。

此外，法律界和学术界也应该加强对侦查阶段律师调查取证权的研究，不断完善相关法律法规，为律师的调查取证工作提供更加有力的保障。只有这样，才能从根本上解决侦查员与律师之间的矛盾，实现司法正义的目标。

但是，也要认识到在法律的实施过程中，仅仅依靠法律条文本身是无法实现其应有效力的。从 2012 年修改到 2018 年再次修改，我国《刑事诉讼法》赋予辩护律师在侦查阶段调查取证的权利。然而，在十多年里，我们不时在网络上看到一些令人担忧的现象：律师在侦查阶段会见犯罪嫌疑人时遭遇种种阻碍，调查取证工作也屡屡受到干扰。尽管《刑事诉讼法》明确规定了律师在调查取证方面的权利，但在实际案件处理过程中，律师的调查取证权作为一种私权利，在面对强大的国家机器时，仍然显得相对薄弱。

在侦查阶段，律师的调查取证权的实施，不仅需要法律的明文规定，更需要司法机关的积极配合与支持。司法机关在这一过程中扮演着至关重要的角色，他们的态度和行为直接影响到律师调查取证权的实现程度。同时，律师必须严格遵守法律法规，坚守职业道德，以确保其行为的合法性和正当性。

只有当律师在刑事诉讼活动中，尤其是在侦查阶段，能够真正发挥其应有的作用时，我们才能更好地实现《刑事诉讼法》强调的尊重和保障人权的任务。这不仅有助于维护犯罪嫌疑人的合法权益，而且有助于提升司法的公正性和透明度，从而增强公众对司法系统的信任。因此，确保律师在侦查阶段调查取证权的有效实施，是实现司法公正、保障人权的重要一环。

在当前的法律体系中，关于律师在刑事诉讼中的会见权问题，《刑事诉讼法》已经做出了明确的规定。根据法律规定，从犯罪嫌疑人被采取强制措施的那一刻起，或者在他们第一次接受讯问的时候，律师就可以以辩护人的身份介入案件，为犯罪嫌疑人提供法律帮助和辩护。这一规定充分体现了我国法律对犯罪嫌疑人合法权益的保护，确保了他们在刑事诉讼过程中能够得到专业的法律支持。

然而，在实际操作过程中，律师会见犯罪嫌疑人仍然存在一些困难和不便。为了更好地保障律师的会见权，本书认为，有必要在现有的法律框架内，进一步地完善和建立一些具体的制度。例如，可以考虑建立一个网上申请批准手续的系统。随着互联网技术的迅猛发展，司法工作也应该与时俱进，充分地利用这一技术手段。通过建立网上申请系统，律师可以在网上提交会见申请，并且相关部门可以在线上进行审批。这样，不仅能够大大地节省司法资源，提高工作效率，而且能减少律师和司法机关之间的沟通成本。

此外，建立网上申请批准手续的制度还有助于提高司法的透明度和公正性。通过网络平台，律师和犯罪嫌疑人可以实时了解会见申请的审批进度，减少人为操作的空间，避免可能的不公正现象。同时，这也为律师提供了更多的便利，使他们能够更加专注于案件的辩护工作，从而更好地维护犯罪嫌疑人的合法权益。

通过建立和完善网上申请批准手续的制度，我们不仅能够提高司法效率，节省司法资源，而且能进一步地保障律师的会见权，确保犯罪嫌疑人在刑事诉讼过程中得到公正的对待。这既是法律发展的必然趋势，也是司法改革的重要内容。

赋予律师在侦查阶段的调查取证权，无疑是我国法律体系中一次具有里程碑意义的进步。这一举措不仅体现了对法律职业的尊重，而且彰显了对人权保障的高度重视。我们应该抓住“尊重和保障人权”这一重要原则被写入《刑事诉讼法》的契机，充分利用并发挥律师在侦查阶段的关键作用。通过这一改革，律师将能够更有效地为当事人提供法律援助，确保其合法权益不受侵犯。同时，我们还应当加强对律师职业道德的建设，提升他们的执业纪律意识，确保他们在履行职责过程中，既能够充分保障当事人的合法权益，又不会对侦查机关的案件侦破工作造成不必要的干扰和阻碍。只有这样，才能在维护法律公正和效率的同时，真正实现对人权的全面尊重和保障。

在这一过程中，律师的角色变得愈发重要。律师不仅是当事人的代言人，更是法律公正的捍卫者。赋予律师在侦查阶段的调查取证权，意味着律师可以在案件初期介入，及时发现和纠正可能存在的程序错误，确保侦查活动的合法性和公正性。这不仅有助于提高案件处理的透明度，而且能增强公众对司法系统的信任。

此外，加强律师职业道德建设和执业纪律意识的培养，也是确保律师能够正确履行职责的关键。律师应当具备高尚的职业操守，坚守法律底线，不滥用职权，不参与任何违法活动。同时，律师还应当具备高度的责任心和敬业精神，始终将当事人的利益放在首位，提高证据调查分析的能力，为他们提供最优质的法律服务。

在实际操作中，律师应当与侦查机关保持良好的沟通与合作，既要积极维护当事人的合法权益，又要尊重侦查机关的法定职责。通过赋予辩护律师竞争性的证据调查权，律师可以在不干扰侦查工作的前提下，充分发挥其在案件侦破中的积极作用，为实现司法公正和人权保障贡献力量。只有这样，我们才能在尊重和保障人权的同时，确保侦查工作的顺利开展，最终实现法律的公平与正义。

最后，著者倡议，请公检法真正地把律师当作朋友，因为在错案责任终身追究的司法背景下，公检法工作人员办错案是要终身追究的，但是律师在刑事诉讼活动中，即便认为犯罪嫌疑人无罪而最终被判有罪，律师也不会承担任何责任。那么侦查人员在强大的有罪假设的思维定势下，听听律师的不同意见也是有好处的。请真正地将律师当作朋友，而不是对手。

参考文献

[1] 张保生.证据法的理念[M].北京:法律出版社,2021.

[2] 刘品新.我国应构建控辩“主辅—平衡”的刑事调查制度[C]//何家弘.证据学论坛:第7卷.北京:中国检察出版社,2004:58.

[3] 刘刚.我国辩护律师调查取证权研究[D].兰州:兰州大学,2021:22.

[4] 张维迎.理念的力量[M].西安:西北大学出版社,2014:78.

[5] 封世强.试析辩护律师调查取证权的局限及完善对策[J].贵州警察学院学报,1997(1):32.

[6] 陈光中,汪海燕.侦查阶段律师辩护问题研究:兼论修订后的《律师法》实施问题[J].中国法学,2010(1):132.

[7] 张辉.律师在刑事诉讼中的地位和作用[J].北京政法学院学报,1980(2):34-38.

[8] 林国定.律师的刑事辩护工作[J].法学研究,1981(5):21.

[9] 杜建人.刑事被告人在侦查阶段可委托律师辩护的建议[J].法学,1985(2):43.

[10] 汪纲翔.律师在起诉阶段参加辩护为宜[J].法学,1985(8):39.

[11] 刘振燚.浅谈律师在刑事辩护中的调查[J].法学杂志,1987(3):43.

[12] 袁正卫.律师调查权的规范性[J].法学杂志,1988(5):47.

[13] 华勋烈,李文君.律师应当享有收集刑事证据的权利[J].当代法学,1988(4):28.

[14] 薛连清.刑诉中律师调查的材料能否作为证据?[J].法学,1989(12):43.

[15] 陶祥英.谈律师的调查取证权及其立法[J].政法论坛,1991(2):72.

[16] 杨迎泽.试述律师收集刑事证据的几个问题[J].甘肃政法大学学报,1991(3):31-33.

[17] 吴平.律师提前介入:刑事辩护面临的机遇与挑战[J].浙江师大学报(社会科学版),1996(4):114-115.

[18] 通蜀.刑诉法修改:中国律师的渴望[J].中国律师,1996(3):6.

[19] 晏子.律师胜诉靠什么?[J].法制与经济,1996(4):46.

[20] 高家伟.律师在侦查阶段不能调查取证[J].人民公安,1996(21):34.

[21] 张军,陈卫东.新刑事诉讼法案列解读[M].北京:人民法院出版社,2012:41.

[22] 何家弘.证据学论坛[M].北京:中国检察出版社,2004:45.

[23] 熊秋红.刑事辩护论[M].北京:法律出版社,1998:217.

[24] 顾永忠.刑事辩护国际标准与中国实践[M].北京:北京大学出版社,2010:94–95.

[25] 施鹏鹏.现代刑事诉讼模式对话与冲突[M].北京:中国政法大学出版社,2021:4.

[26] 新刑诉法"体检":小心旧病和后遗症[N].南方周末,2012–05–09(2).

[27] SCHUM D A.Species of abductive reasoning in fact investigation in law[J].Cardozo Law Review,2001,22(1):1645-1681.

[28] 杨立云.侦查认识原理研究[M].北京:群众出版社,2009:100.

[29] 安德森,舒姆,特文宁.证据分析[M].2版.张保生,朱婷,张月波,等译.北京:中国人民大学出版社,2012.

[30] 王达人,曾粤兴.正义的诉求:美国辛普森案与中国杜培武案的比较[M].北京:北京大学出版社,2012:2-3.

[31] 张保生.法律推理的理论与方法[M].修订版.北京:中国政法大学出版社,2024.

[32] 邬贺铨.大数据时代的机遇与挑战[J].求是,2013(4):47.

[33] 张保生,等.证据科学论纲[M].北京:经济科学出版社,2019:9.

[34] 何军.大数据与侦查模式变革研究[J].中国人民公安大学学报(社会科学版),2015(1):76.

[35] 杨继文,范彦英.大数据证据的事实认定原理[J].浙江社会科学,2021(10):46-54.

[36] 郑飞,马国洋.大数据证据适用的三重困境及出路[J].重庆大学学报(社会科学版),2022(3):208.

[37] 徐惠,李晓东.大数据证据之证据属性证成研究[J].中国人民公安大学学报(社会科学版),2020(1):50

[38] 西格尔.大数据预测:告诉你谁会点击、购买、撒谎或死去[M].周大昕,译.北京:中信出版社,2017:120-121.